„jan" erzählt

... weißt du noch ? ...
Langeooger Anekdoten

„jan erzählt"
... weißt du noch ? ...
Langeooger Anekdoten

Geschichten:
„jan"

Fotos & Redaktion:
Peter Kremer; Elke und Klaus Kremer

Layout & Bildbearbeitung:
Peter Kremer
www.insschwarze.de

Impressum & Copyright:
Langeoog Multimedia GmbH
1. Auflage 2006
Druck: Steinbacher Druck GmbH, Osnabrück
ISBN-10: 3-939318-02-7
ISBN-13: 978-3-939318-02-6

Inhalt

Vorwort	6
Grußwort	7
Etüde über die romantische Nostalgie	9
Doc Meyer	13
Nikolaus, komm in unser Haus	16
Weihnachtsblues	21
Schnee-Eiland 1979	23
Nachruf	29
Hein Jimmy	33
Mondscheinsonate in frosch-Moll	37
50. Geburtstag	39
Kuckuck	43
Jesus Christ Superstar	45
Tief im Osten, wo die Sonne aufgeht	50
Shanties	57
Vater Unser im Eiscafé	62
Larrys Hahnengesang	65
Hans Stolle	70
Schönheit	74
Free Jazz	78
PvO	83
Ereignislos	87
Operninsel	92

Stiftung „Musik auf Langeoog"

Ein Teil des Erlöses dieses Buches fließt ein in die Stiftung „Musik auf Langeoog", die 2003 ins Leben gerufen wurde, um aus den Erträgen auf Dauer die Stelle eines professionellen Inselkantors einrichten zu können. Obwohl die musikalische Arbeit der Kirchengemeinde unter Langeoogern und Gästen einen sehr hohen Stellenwert besitzt, ist diese Stelle seit 2001 unbesetzt. Weitere Informationen finden Sie unter www.inselkark.de

Unser Dank gilt den Familien, Unternehmen und Vereinen, die das Zustandekommen dieses Buches großzügig unterstützt haben:

Oldenburgische Landesbank AG
• • •
Hotel Kolb
Familie Kolb-Binder
• • •
Buchhandlung Krebs
Almuth Paap
• • •
Hotel Flörke
Familie Spies
• • •
Restaurant Knurrhahn
Elisabeth Schürmann
• • •
Inselhotel Kröger
Familie Kröger
• • •
Hotel Alte Post
Marion und Jochen Voss

Sport-Club Freiburg
• • •
Sparkasse Langeoog
• • •
Meierei
Familie Falke
• • •
Familie Ingrid Oldewurtel
• • •
Feinkost Eckart
Kerstin und Roland Isenecker
• • •
Das Fischgeschäft
Sabine und Sven Klette
• • •
Hotel Kupferpfanne
Susanne und Hermann Voss
• • •
Shantychor de Flinthörners

Vorwort

Ein bisschen verrückt ist er schon, dieser „jan"!

Und er liebt Kunst, Langeoog, Menschen und sich. Alles in allem eine Mischung, die geeignet ist, Licht und Farbe in unseren grauen Alltag zu bringen. Laut „jan" gibt es allerdings auf Langeoog keinen grauen Alltag; den gibt es nur, wenn man die Insel nach den „schönsten Wochen des Jahres" wieder verlassen muss. Oder wenn man noch nicht den richtigen Blick für die „wunderbaren" Menschen dort gewonnen hat.

Auf Langeoog ist er immer noch bekannt, galt zu seiner Zeit als heimliche Kulturschmiede und war gut für jede Menge Anekdoten. Das ist er geblieben. Bis heute. Man spricht noch von ihm. Lehrer war er. Viele der jetzt erwachsenen Insulaner sind durch „seine Schule" gegangen. Langeoog hat ihn geprägt, und er hat dort seine Spuren hinterlassen, auch bei mir.

Momentaufnahmen der Inselgeschichte hat er in seinen Erzählungen eingefangen. Gut, dass er sie den Langeoogern sowie Inselfreunden erhalten hat.

Das Buch lädt den Leser ein, einzutauchen in diese kleine skurrile Welt kurz vor Deutschland!

Hartmut Glöckner
(1983 – 1991 Langeooger Gemeinde- und Kurdirektor)

Grußwort

Die Liebe zu seiner Insel und ihren Einwohnern haben den Autor veranlasst, uns mitzunehmen auf eine Reise in die Vergangenheit, zurück in die siebziger und achtziger Jahre als das Inselleben zwar auch aufregend aber noch etwas besinnlicher war.

Als angesehener und einfühlsamer Pädagoge an der seinerzeit noch existierenden „Internatsrealschule und Gymnasium Langeoog" hat „jan" die heranwachsenden Jugendlichen der Insel, aber auch die vielen auswärtigen Schüler ein gutes Stück ihres Weges begleitet und mit den Einheimischen Freundschaften geschlossen.

Aufgrund seines fundierten Fachwissens und seines Organisationstalentes ist es ihm gelungen - man glaubt es kaum - die Insulaner für Fahrten in die Theater und Opernhäuser zu gewinnen und zu begeistern. Diese von ihm ins Leben gerufene Tradition hat sich bis heute fortgesetzt.

In seinen Geschichten ist es ihm hervorragend gelungen, auf seine liebenswerte Art, die Insel, deren Bewohner sowie deren Lebensgewohnheiten festzuhalten. Seine amüsanten Betrachtungen wecken Erinnerungen und versprechen dem Leser heitere Stunden. Dieses Buch ist für die Langeooger Inselchronik eine wertvolle Bereicherung.

Frerich Göken
(1992 - 2004 Langeooger Gemeindedirektor)

Etüde über die romantische Nostalgie

Meine Frau behauptete neulich, ich sei ein hoffnungslos nostalgischer Romantiker, und ich habe das sofort bejaht. Natürlich denken Sie jetzt, dass ich das tat, um meine Ruhe zu haben. Aber nein.

Nostalgie, so der Duden, bedeutet „Rückwendung zu früheren Zeiten und Erscheinungen". Und wenn wir abends bei Rotwein und Kerzenschein das Essen genießen, beginnen viele meiner Sätze mit „Weißt du noch?" oder „Erinnerst du dich?"
Ja, sie hat Recht: ich bin ein unverbesserlicher, romantischer, mittelalterlicher Nostalgiker, und ich stehe dazu. (Natürlich stamme ich nicht aus dem Mittelalter, sondern bin nur mittleren Alters …) Wie weiland Martin Luther sprach: „Hier stehe ich, ich kann nicht anders."

Ich blicke gern zurück auf meine Zeit auf der Insel Langeoog. Als ich Anfang der 70er hierher kam, sah die Insel mit ihrem Dorf und ihren Bewohnern noch ganz anders aus.
So gab es das „Haus der Insel" in seiner heutigen Form noch nicht, keine modern gestaltete Barkhausenstraße; in der Gartenstraße, in Höhe von „Haus Freihoff", kürzte man die Strecke zur Hauptstraße mittels eines Sandpfades ab, zur Meierei führte nur ein schmaler Weg, auf dem man Gegenverkehr noch fürchten musste, Langeoog wirkte verschlafener als heute.

Die Langeooger waren mir schnell ans Herz gewachsen: „Molki" fuhr fröhlich die Milch durchs Dorf, Helle Surburg lief gemächlich seine allmorgendliche Runde, Karlchen Laporte stand vor der Türe seines Etablissements und grüßte „Moin Moin", obwohl er nicht viel ostfriesischer war als Mao Tse Tung, bei Schmidt hinter der Kirche kaufte man köstliche französische Weine zu Spottpreisen, weil sie vergaßen, dass diese Jahr für Jahr an Wert steigen, Frau Diepenbrock führte noch ihren „Mariacron" und Willi Jansen verbot im „Lütje Hörn" das Pfeifen im Krug!

Gegenüber dem Rathaus, auf der Ecke, das alte „Hotel Flörke", dann die Post und die Kirche, rechts, als Säule zur Mittelstraße, das „Haus Taletta", und Dorle, o Gott, ich werde ja richtig sentimental!
Etwas weiter Addis Lädchen, rechts dahinter der Bungalow des Schnitzers Oskar, dessen ganzer Stolz in der Inselkirche zu bewundern ist, „Lützes Fahrradladen" und dann, nach Schule und Internat, die Ringschlotbrücke, im Volksmund „Stinkschlotbrücke". Links wieder ein Schulhaus, und rechts nichts, kein Kiefern- oder Sanddornweg, kein „Am Wald", oder doch? Ich weiß es nach all der Zeit schon gar nicht mehr so genau.

Zur Rechten „Klein Moskau": Gänse, Hühner, Enten, Schweine, Gemüse, Obst und was die Kleingärtnerkunst sonst noch hergab. Im Slalom die Sprengtrichter, aus denen Pappeln und Inselrosen seit Jahren versuchen, Höhe zu gewinnen. Noch weiter dorfauswärts einige kleine Häuschen, oder standen die doch weiter vorne? Schauen Sie hin, wenn Sie vorbeikommen, Sie wissen, welche ich meine.

Ich nehme Sie mit, wenn Sie wollen, in diese herrliche Zeit. Zum Beispiel an einem Augustmorgen im Jahre 1973, um 5.30 Uhr früh. Haben Sie ein Körbchen dabei und Stiefel an den Füßen? Denn auf den Wiesen hinter „Klein Moskau" kann man Pilze finden, leckere Wiesenchampignons, große und kleine, mit rosa Lamellen und einem leichten Duft von Anis.
Mit einer Prise Salz und Pfeffer aus der Mühle, mit feingehackter Petersilie und einem Gläschen Rotwein: Köstlich!
Hermann Hesse hat zu solchen romantischen Anflügen gedichtet:

>Herrlich ist für alte Leute
>Ofen und Burgunder rot
>und dazu ein sanfter Tod -
>aber später, noch nicht heute.

„jan"

Gänsemarsch in Klein-Moskau ...

Schulweg ...

Doc Meyer

„Nehmen Sie eine Trockenpflaume und stecken diese in die Backentasche"
„Eine was?"
„Herrgott, eine Trockenpflaume, Sie wissen doch hoffentlich was eine Pflaume ist!" wird er unwirsch.
„Äh ja" stottere ich, „natürlich weiß ich, was eine Pflaume ist."
„Das wundert mich, aber was kann man von einem Lehrer schon erwarten", wird er sarkastisch.
Eigentlich mag ich die Unterhaltungen mit ihm, bissig, zuweilen zynisch, aber immer intelligent, und gütig, wenn es um die Gesundheit geht. Doch dieses Mal ist er ausgesprochen ruppig! Und das konnte er werden, wenn ihm jemand „oberschlau" kam.
„Sie nehmen also eine Trockenpflaume, stecken diese in die Backentasche und lassen den Saft ganz langsam den Hals hinunter gleiten", sagt er, „und stellen Sie keine überflüssigen Fragen!"

Nein, ich bin nicht, wie Sie vielleicht annehmen, in einem Kochseminar oder beim insularen Feinkostladen, sondern ich sitze dem ehrwürdigen, älteren Inselmediziner Doktor Christfried Meyer gegenüber.

Ich hatte Halsschmerzen und die Drüsen links wie rechts waren geschwollen. Ich fühlte mich wie ein quakender Frosch mit aufgeblasenen Backen und hatte mich deswegen in seiner Praxis eingefunden. Es schien eine gesunde Zeit zu sein, denn es saßen nur wenige Patienten und überhaupt keine Schüler im Wartezimmer. Diese hatte er, und sie hatten ihn gefressen, weil er eine unüberwindliche Abneigung gegen Hypochonder und Schulschwänzer hegte, und deshalb nur im ernsten Notfall eine Krankmeldung für sie schrieb.

Manchmal war das Wartezimmer voll von ihnen. Seine Frage lautete immer: „Was für eine Arbeit wird denn heute geschrieben?" Er wartete auf eine Antwort, und wenn er sie nicht bekam, schickte er sie alle weg. „Mathematik? Dann kommt mal herein!" Höchstens 5 % der Anwärter wurden von ihm für „würdig" befunden, eine Krankmeldung entgegenzunehmen.

Eine eigenartige Eigenart war er. Ein Mensch voller Gegensätzlichkeiten, Widersprüche und Eigensinn. Ein Mensch voller Distanz zu seinen Mitmenschen, und dennoch von einer Vertrauen erweckenden Nähe, die noch heute, Jahre nach seinem Tod, diejenigen, die ihn kannten, zwingt, Augen zwinkernd zwar, aber voller Respekt über ihn zu reden, sowohl über den Arzt, als auch über den Menschen.

Eines Tages erzählte mir seine Hilfe im Haushalt, er hätte sie entlassen, weil er meinte, sie sei zu alt, um weiterhin für ihn zu putzen. „Dabei ist er fast so alt wie ich!" klagte sie, „und ich wäre noch so gerne bei ihm geblieben."

Wenn er auf seinem Fahrrad schrägen Blickes durch das Dorf fuhr, konnte es durchaus passieren, dass er plötzlich bremste, dich anschaute und sagte: „Komm du morgen in meine Praxis." Sein diagnostischer Blick war fast unfehlbar. Aber nur fast, denn sonst wäre er ein Heiliger gewesen, und das, glauben Sie mir, das hätte er wohl am wenigsten sein wollen, und war er ganz sicher nicht.

Wenn der Inselarzt Doc Meyer, der gerne mal ein Bier trank (gern auch zwei), zu einem Patienten gerufen wurde und sich daraufhin, per Fahrrad und mit brennender Zigarre, zum Kranken aufmachte, bewahrte er, dort angekommen, die Zigarre im Hinterrad zwischen den Speichen auf und begann dann seine Arbeit.

Er war ein absoluter Kenner guter Manieren, der Konvention und außergewöhnlich charmant der schönen und gebildeten (Damen-)Welt gegenüber. Den Bedürftigen war er Samariter, der nicht nach Herkunft oder Vermögen fragte, sondern der einfach half.
Langeoog verlor mit ihm eine große Persönlichkeit, einen seltenen Heilmeister, und einen Freund und Helfer.

„Nehmen Sie eine Trockenpflaume und stecken diese in die Backentasche.
„Eine was?"
Die Behandlung war erfolgreich…

„jan"

Nikolaus, komm in unser Haus

Ein katholischer Bischof, ein Heiliger auch noch, auf einer vorwiegend protestantischen Insel?
Na, wenn sich jemand findet, der, katholisch oder auch nicht, diese Rolle spielen möchte? Unterschätzen Sie bitte diese Aufgabe nicht, denn überall liegen Fußangeln und Stolpersteine!

Barbara bat mich. Sie ist eine gestandene Bayerin mit einem Dialekt, den sie auch nach Jahren des Aufenthalts auf der Insel nicht verloren und abgelegt hatte. Es klang ein bisschen wie Beckenbauer, ja mei!

Wintervergnügen ...

Drei Kinder brachte sie mit, zwei Jungs und ein Mädchen, sehr bayerisch und arg lieb. Jedes Jahr feierten sie, wie das in Nord und Süd, Ost und West Brauch ist, jeder Landstrich nach seiner Fasson, den Geburtstag des Heiligen Nikolaus, des Bischofs von Smyrna, der durch seine überaus große Freigiebigkeit große Beliebtheit und Bekanntheit errang, gerade bei den Kindern. Sie tun das im Familienkreis mit Gedichten, Liedern und Geschenken, und natürlich mit einem „richtigen" Nikolaus.

„Würdest du den Nikolaus spielen?" fragte sie. „Ich glaube, du kannst das."
„Glaube ich nicht, ich habe wenig Humor und wenn von mir verlangt wird, ernst zu sein, muss ich immer kichern."
Ich versuchte meinen Kopf mit solcherlei Argumenten aus

nikolausiges Wetter ...

dieser (un)heiligen Schlinge zu ziehen. Aber als sie mir als Gegenargument das von ihr liebevoll gestaltete Buch gezeigt hatte, mit Gedichten für jedes Kind, für einen Gast, auch für sich selbst und sogar für den Nikolaus, da wusste ich, es gab kein Zurück.

Der Gast war eine kranke Nachbarin von gegenüber, und die Freude dieser Frau hat dem Abend einen zusätzlichen Glanz verliehen. Wie ernst Mutter, Kinder und Frau Nachbarin das Nikolausgeschehen mitspielten, wie hingebungsvoll zur Gitarrenbegleitung gesungen wurde.
Die Nachbarin saß entzückt da und lauschte den Gedichten. Ein bisschen Himmel auf Erden, ein klitzekleines Stückchen Glück für Mutter, Kinder, Gast und nicht zuletzt für mich.
Gedichte wie von „Meisterhand" geschrieben. Goethe hätte sich nicht im Grabe umgedreht, sondern gut zugehört und gelächelt:

„Hannes, Markus, faule Schlingel!
Hört ihr nicht der Mutter Klingel?
Hört ihr nicht Mutters Gemecker?
Niklaus schenkt euch einen Wecker!"

oder

„Ina Mina, liebe Maus,
zieh´ bitte deine Schuhe aus!
Denn sitzen diese voller Teer,
verdrießt das doch die Mama sehr!"

… und ähnlich Hochliterarisches.

Dann wurden die kleinen Päckchen ausgepackt. Die Szene rührte mich an. Sie erinnerte mich an unsere Feiern zu Hause, früher, viel früher.

Ich hatte mich am frühen Abend auf den Weg gemacht, zu Fuß von der Kirchstraße bis in die Heerenhusstraße. Es war stockfinster und das Wetter (niko)lausig. Barbara hatte mich gebeten, nicht zu klingeln. Sie würde zur verabredeten Zeit auf mich warten. In einem Seitenkämmerle lag die „heilige" Ausstattung: Mantel und Mitra mit integriertem Bart, dessen Haare mich den ganzen Abend in Nase und Mund kitzelten, dazu Gebetstuch, Bischofsstab und das „fromme" Buch mit den Gedichten.
Die Mitra war viel zu klein für meinen Kopf, wir mussten sie an der Naht ein bisschen auftrennen.
„So viel Hirn hab´ ich dir gar nicht zugetraut", wurde sie ironisch.
„Ist nur Wasser", beruhigte ich sie.
„Sei vorsichtig, sonst haben wir gleich zwei halbe Mitras! Wie sehen denn deine Schuhe aus, bist du durch Dreck gewatet? Hier hast du ein Paar von Markus!"
Die waren sauber, aber drei Nummern zu groß. So kam ich mir ein bisschen vor wie Charlie Chaplin im Nikolaus-Kostüm.
Es war ein schönes Fest. Der richtige Nikolaus hätte seine helle Freude an uns gehabt. Es gab Punsch und Schokolade, Lebkuchen und Spekulatius, Würstchen und Weißbrot und Limonade für die Kinder, es fehlte an nichts.

Auf dem Heimweg habe ich Nikolauslieder gesungen, und das Wetter war lausig.

„jan"

die katholische Kirche ...

Weihnachtsblues

Es weihnachtete auf Langeoog. Ein grauer Regen fiel aus einem grauen Himmel und fegte die Hoffnung auf eine weiße Weihnacht gründlich weg. Der Wind wehte straff aus Südwest, umspielte den Wasserturm, versuchte sich am Dach vom „Deutschen Haus", schwenkte ein bisschen nach links, pfiff kalt und nass durch die Barkhausenstraße, streichelte „Haus Poggfred", scheuchte die Enten vom Löschteich auf, legte die Rosensträucher in der Heerenhusstraße flach, hüpfte über die Grabsteine auf dem Friedhof und verschwand dann übers weite Meer. Aber auf halbem Wege spitzte er seine windigen Ohren. Es war, als hätte er Klänge in seiner langen Schleife hängen, unbekannte Klänge ...

Es weihnachtete auf Langeoog. Die Schüler der Internatsschule bereiteten sich auf die Weihnachtsferien vor. Päckchen für Eltern und Geschwister wurden gepackt, Wäscheknäuel in Seesäcke verstaut, der Schweiß floss, und die Äußerungen waren nicht gerade weihnachtlich. Dieses Mal hieß es, sich besonders zu beeilen, denn am Abend stand eine Art Abschiedskonzert an. Im „Haus der Insel", Blues ..
Blues auf der Insel, in den siebziger Jahren, das war schon etwas Besonderes, und es kam, wie es kommen musste: Wat de Bur nich kennt, dat frät he nich! Vierundachtzig Zuschauer verloren sich im großen Saal im „Haus der Insel". Siebenundsiebzig Schüler und sieben Insulaner. Immerhin!
Der Solist des Abends spielte, was Gitarre und Gesangskunst hergaben. Insulaner und Schüler waren hellauf begeistert vom

Können des introvertierten Engländers, applaudierten frenetisch, und riefen „Zugabe, Zugabe, Zugabe". Und er, der bescheidene, fast schüchterne Brite, freute sich und spielte und sang.

Am Abend zuvor hatte er mich begleitet: „Ich brauche eine Kiste Bier." „Yeah, I'm coming." Am Süderdünenring wohnten Kalle und Elli, eine feste Bank, wenn es etwas aufzutreiben galt, was man anderswo nicht mehr bekam. In der Küche saßen eine Lehrerin der Inselschule mit Freundin, sowie die besagten Elli und Kalle.
Roger Sutcliffe, so hieß der Musiker, hatte seine Gitarre mitgebracht: „Kannst du uns was spielen?" Ich hatte ihm erzählt über Kalle Franz, seine Schweine, die er sich in „Little Moscow" hielt, über seine Hühner, die ihm Eier legten – oder auch nicht, dann landeten sie im Suppentopf! – und über seine ganz eigene Arbeitslust.
Sutcliffe streifte sich eine Metallhülle über einen seiner Finger, nahm die Gitarre, erklärte uns was „bottleneck" und „sliding" sind, und sang mit improvisierten Texten den „Kallefranz-Blues", den „Chickenfarm-Blues", den "Porkypig-Blues", und schließlich "Silent night, holy night". Und wir hörten zu, waren gerührt, begeistert und genossen unsere Gänsehaut.

Viel später, auf dem Weg nach Hause, haben wir noch einen Blues gesungen, a capella und leicht schräg. Der Wind lächelte, machte sich erneut und etwas beschwingter auf seinen weiten Weg und nahm die fremden Klänge mit. Eine wahrhaft heilige Nacht: Es weihnachtete auf Langeoog ...

„jan"

Schnee-Eiland

Eine gewaltige Stille lag über der Insel. Eine Stille, wie ich sie davor nicht erlebte und bislang nicht wieder erlebt habe: Eine Stille voller Ehrfurcht vor der Allgewalt der Natur. Fast dreißig Jahre ist das erst oder schon her. Was sind schon dreißig Jahre? Viel, wenn man voraus blickt, nichts im Blick zurück.

13. Februar 1979: Am Himmel braute sich ein Unwetter zusammen, warme Luftmassen kamen denen einer Kaltfront immer näher. Die meisten Menschen auf der Insel merkten es noch nicht. Nur die Möwen schienen lauter als üblich zu schreien, fast ängstlich, die Kühe muhten auch nach dem Melken noch, die Hühner liefen aufgeregt durch ihre Ställe, Hasen, Rehe und Fasane suchten eilends ihre Bleibe auf.
Und dann fing es an zu schneien und zu stürmen, zu stürmen und zu schneien, unaufhörlich … Am Anfang haben sie noch gelächelt, die windbewehrten Insulaner:
„Das ist doch nur eine Brise."
„Das bläst uns nicht um!"
„Und der Schnee?"
„Ach was, der weht ja gleich wieder weg, so war das doch fast immer!"

Fast immer! …
Abends nahm der Sturm an Stärke zu, der heftige Schneefall versperrte den Blick schon nach wenigen Metern, in manchen Straßen waren die Verwehungen bereits bedenklich hoch.

Kaap ...

im eisigen Ostwind erstarrtes Watt ...

gestaunter Eisklotz ...

In der Nacht drehte der Sturm noch weiter auf. Das Schneetreiben wurde dichter und dichter, die Nachrichten in Fernsehen und Radio von Stunde zu Stunde alarmierender. Man berichtete von eingeschneiten Autos auf Straßen und Autobahnen, über Rettungsaktionen durch ADAC, Rotes Kreuz und freiwillige Helfer. Als weder über Land noch aus der Luft mehr Hilfe möglich war, wurde das ganze Ausmaß der winterlichen Katastrophe deutlich. Das Chaos war komplett.

Die Insulaner haben Eisklötze gestaunt, als sie sich am nächsten Morgen mit Schaufeln einen Weg aus der Haustüre bahnen mussten. Im Polderweg wie auch in einigen anderen Straßen lag der Schnee höher als der erste Stock so mancher Wohnung, Spaziergänge im Dorf, in den Dünen und am Strand wurden zu wahren Abenteuern. In den Tagen danach glichen die Dünenpfade einem Irrgarten mit hohen Wänden.

Der Hafen war mit der Inselbahn nicht mehr zu erreichen. Eine Schneewehe, die der Sturm renitenterweise neben den Betriebshof der Inselbahn geweht hatte, musste mit Hilfe eines Radladers geräumt werden. Chefkapitän und Mannschaft beschlossen, eine Probefahrt mit einem Triebwagen durchzuführen. Als der von der Fahrt zum Anleger wohlbehalten schon fast zurückgekehrt war, entgleiste er dann doch noch im Bereich des Betriebshofes. Das Wörtchen „Wohlbehalten" wurde revidiert. Beim Räumen der Schneewehe mit dem Radlader hatte sich die Einfahrtsweiche zum Bahnhof verbogen.
Und es wurde kalt, bitterkalt. Ein eisiger Ostwind ließ das wenige Wasser im Watt erstarren. Noch am gleichen wie am

folgenden Tag lag die Schifffahrt wegen Eisgangs still. An den Tagen danach konnte je nur eine Überfahrt nach Bensersiel und wieder zurück durchgeführt werden.

Der Schnee lag meterhoch, und es war eisig still. Die Insel hatte sich in ein winterunwirkliches Märchen verwandelt. Die Äste der Bäume wurden zu kristallnen Kunstwerken, am Strand türmten sich Eisschollen und zauberten Architektur in bizarrsten Formen. Hasen, Rehe und Fasane mussten gefüttert werden, und das Leben auf der Insel verlief eine Zeitlang auf anderen, als den gewohnten Pfaden. Die Insulaner rückten zusammen in diesem Februar im Jahre 1979, auf dem in ehrfürchtiger Stille daliegenden Schnee-Eiland Langeoog ...

„jan"

der Eine behielt Recht und hielt durch ...

der Andere schenkte im Winter Glühwein aus ...

Nachruf

Verschieden waren Sie und doch irgendwie gleich, der Eine ein zäher Ur-Insulaner, wie er im Bilderbuche steht, der Andere ein engagierter Geschäftsmann. Beide waren gleichermaßen Wahrzeichen meiner Zeit auf Langeoog.

Der Eine hatte schon eine sehr eigene Eigenart. 1923 auf der Insel geboren, war er ein in sich gekehrter Insulaner, der eines Tages seine Liebe zum Meer eintauschte für seine kältere Liebe, zum Eis. Zum Speise-Eis! Er verkaufte Eis, verdiente sich so ein eigenes Eis-Café, und fand 1958 ein kostbares Strandgut, eine Ärztin, die in der Pause eines von ihr besuchten Ärztekongresses auf Langeoog einen Strandspaziergang machte. Er hat sie kurzerhand geheiratet. Nebenbei entdeckte er, dass man sich das Meer herbeimalen kann.

Der Andere wurde 1934 geboren, kam zwanzig Jahre später auf die Insel, und drei Tage bevor er sie verließ, um auf die „Walz" zu gehen, fand er irgendwo zwischen Fleischtheke und Kaffeeregal seine große Liebe, und es funkte gewaltig.

Ein Jahr später ging er mit ehrlich verdienten 200 DM per Anhalter auf große Fahrt. Von Konstanz, wo er sein Handwerk lernte, reiste er per Daumen nach Italien, übernachtete in Klöstern oder Jugendherbergen, half in Neapel Schiffe entladen, und landete schließlich auf Sizilien bei der Mafia. Aber sie ließen ihm sein Geld, sie ließen ihn sogar übernachten, sie lobten ihn, weil sein Italienisch eher Sizilianisch klang, und weil auch sein Haar eher irisch rot als italienisch dunkel war. Ob die ehrenwerte Familie ihn deshalb gleich adoptiert hat, das meldet die Geschichte nicht.

Der Eine heiratete sein „Strandgut" und eröffnete 1958 sein eignes Eis-Café auf der Barkhausenstraße. Es wurde geunkt: „Ein Eis-Café, hier in der Walachei? Du musst verrückt sein: Das wird ganz sicher nix!"
Die Barkhausenstraße war tatsächlich noch nicht die Vorzeigemeile des Dorfes, und so war der Zweifel nicht gänzlich unbegründet.
„Wie willst du es denn nennen?" spotteten sie, „,Zum kalten Heinrich?'"
„Besser als ‚zum warmen Heinrich'", erwiderte der Verspottete. Natürlich behielt er Recht und hielt durch.

Wie ein Dalben im Watt stand er damals unter den Eschen, links von seinem Café. Pfeife im Mund, Elbsegler auf dem Kopf. Er wirkte introvertiert, doch wenn man ihn übersah und ohne Gruß vorüberging, dann ließ er einen deutlich wissen: „He, du siehst einen wohl gar nicht mehr, was?"

Jäger war er auch, aber nie im Vordergrund, und doch so deutlich, dass ihn niemand übersehen konnte. Ich habe mich gerne und viel zu selten mit ihm unterhalten, über das Leben und seinen Sinn, über Literatur und Theater, über die Insel und das Leben darauf.
Und inzwischen feiert das Café schon fast sein 50-jähriges Bestehen …

Der Andere kam nach seiner „italienischen Reise" zurück auf die Insel, trat 1959 ins Geschäft ein, heiratete seine große Liebe und engagierte sich fortan für die insulare Welt. Zweiunddreißig Jahre lang Ratsherr, Jagdpächter und -leiter, Jagdhornbläser, Tennisspieler, später Motorradfahrer und vor allem: Fünfundvierzig Jahre war er Ehemann, Vater und Freund.
1971, nach dem Tod seines Schwiegervaters, übernahm er das Geschäft und war schwungvoller „Dirigent" dieses Geschehens bis zum Rentenalter. Im Winter schenkte er den frierenden Kunden Glühwein aus.
Ich hatte das Glück, einige Zeit lang neben ihm sein zu dürfen, mit ihm das Jagdhorn zu blasen, mitzufeiern, wenn es etwas zu feiern gab. Wir haben uns, wenn er Zeit hatte, und die hatte er immer viel zu wenig, gerne unterhalten.

Den Einen hatten seine Freunde bis ganz zuletzt jeden Tag besucht. Sie haben ihn nie im Stich gelassen, „den kalten Heinrich" mit dem großen Herz. An seinem letzten Nachmittag hatten sie noch mit ihm gescherzt und gelacht, und dann ist er einfach eingeschlafen, ganz still und ohne Aufsehen, so wie er sich das ganze Leben gewünscht hätte.

Der Andere besuchte seine Freunde bis zum Ende selbst und oft. Mit dem Fahrrad. Er grüßte links und grüßte rechts. Jeder kannte ihn und er kannte jeden. Doch eines Tages radelte er zu Freunden, grüßte rechts und grüßte links und kam nicht mehr zurück.

Die Insel hat zwei „Wahrzeichen": verloren:
Heiner Leiß und Enno-Ludwig Oldewurtel.

„jan"

sein Motor brummt woanders weiter ...

Hein Jimmy

Wenn hundert Leser lesen, was ich schreibe, wenn hundert Leser das Beschriebene durch meine Brille sehen, dann weiß ich auch, dass hundert Leser vielleicht viel mehr wissen über das Gelesene, es vielleicht ganz anders erlebt und gesehen haben, und ganz anders darüber berichten würden als ich.

Zum Beispiel über einen Menschen, den ich als Inseleigenart sehr gern hatte. Ich habe ihn erlebt als einen Menschen, der die Überschaubarkeit der Insel liebte, im Oktober und November, obwohl er das Wetter in diesen Monaten nicht sonderlich mochte.

ein paar ordentliche Knoten ...

Er verdiente sein Geld unter anderem als Kapitän eines kleinen Fährschiffes, und für mich war er der Urtypus des Insulaners, der sich am liebsten mit dem ihm Bekannten und Vertrauten beschäftigte, der sich am liebsten mit den ihm vertrauten und bekannten Menschen unterhielt. Er war ein freundlicher Mensch.

Aber manchmal versuchte ich doch – meistens, eigentlich fast immer ohne Erfolg – ihm aus dem Wege zu gehen. Nein, nicht aus Mangel an Sympathie, sondern aus Mangel an Zeit.

Er fuhr gemächlich auf seinem Damenrad durchs Dorf und blickte dabei scheinbar unbeteiligt durch die Straße, aber das war eine Täuschung. Nichts entging ihm, obwohl er schon damals eine dicke Brille trug, die in mir das Bedürfnis weckte, ihm die Säuberung selbiger anzubieten. Er hielt Ausschau nach einem Gesprächspartner.

Und sobald er einen erspäht hatte, war alles zu spät. Dann konntest du deinen Auftrag, das Mittagessen oder eine Verabredung vorläufig auf einen späteren Zeitpunkt verschieben. Schon drang sein Befehlston in deine Ohren: „Wart mal! Ich muss dir was erzählen, hör mal eben her!"

Und dann wusstest du dich eingewebt von seiner Erzählung über Motoren und Pumpen, Öl und Schmiermittel, über Schiffsutensilien, deren Namen ich nicht einmal kannte, und was weiß ich, was sonst noch alles. Auf jeden Fall waren es Dinge, wovon wir, Sie und ich, wahrscheinlich nicht die geringste Ahnung haben und auch nie haben werden. Aber das war ihm völlig

egal, er duldete sowieso keine Unterbrechungen und erst recht keine Fragen. Dabei muss ich manchmal ziemlich stussig ausgesehen haben.
Dann erzählte er seine Geschichten in epischer Breite, immer wieder unterbrochen durch sein kurzes, triumphales Lachen, das andeutete, wie billig er dieses erworben und wie geschickt er jenes angestellt habe.

„Ich muss nach Hause, meine Frau wartet mit dem Essen!"
„Ich muss dringend in die Apotheke!"
„Ich habe eine Verabredung."
Nichts half, du warst hilflos eingebunden in seine Geschichte, die er, koste es, was es wolle, loswerden wollte.

„Kann deine Frau denn überhaupt kochen?"
„Die Apotheke hat auch noch länger auf!"
„Mit wem hast DU dich denn verabredet, hä?"

So oder ähnlich waren seine Antworten auf deine Einwände. Er hielt dich fest an deinem Hemdsärmel, wenn er bemerkte, dass du eventuell flüchten wolltest. Sein immer gebräuntes Gesicht glänzte vor Erzähleifer, und die Gläser seiner Brille, dick wie eine Lupe, liefen vor lauter Spannung an. Und du verpasstest das Mittagessen, die Apotheke hielt Mittagsruhe, und die Verabredung war sowieso nur ein Vorwand gewesen ...

Sein Schiff wurde, so erzählte mir einer, Anfang der Neunziger verschrottet. Der Motor aber, so berichtete mir ein anderer, brummt noch in einem anderen Schiff.

„Ich muss dir was erzählen. Hör mal eben her! Ich habe den Dieselmotor von meinem Schiff ganz gut verkauft und..."

Wenn Sie sich dann und wann ein gezapftes Bier gönnen, und Sie sehen über einer Theke das Schild „Seeteufel" hängen, dann prosten Sie ihm zu: „Zum Wohl Hein Jimmy". Er wird auf seiner Wolke sitzen, nach Dir Ausschau halten und lächeln.

„jan"

im Wäldchen ...

Mondscheinsonate in frosch-Moll

Die „Mondscheinsonate", Sie kennen sie, die ernst-heitere und träumerische Klavierkomposition von Ludwig van Beethoven. Sie ist so schön, dass man sich dabei hinsetzen muss, auch wenn man sonst lieber Rock-, Jazz- oder Soul-, Gospel und Spirituals hört. Sogar der Schlagerfan lässt sich unweigerlich durch diese Musik gefangen nehmen. Aber die Langeooger Mondscheinsonate kennen Sie wahrscheinlich nicht, oder? Wenn Sie, als Gast oder Insulaner, Ihr Domizil in der Nähe des Süderdünenringes haben, sind Sie „mondscheinsonatig" schon nahe dran.

Wenn wir abends, müde von der Arbeit, ins Bett gingen, hörten wir die ersten Töne der „Mondscheinsonate" für Froschorchester mit Solisten. Zunächst die abwartende Einleitung der ersten Geige: „Quaaak!" Dann allmählich, mezzo forte, die Bratschen: „Quaaak, quaaaak!" Was dann folgte, war ein dermaßen lautstarker Einsatz des ganzen Orchesters, dass es mich immer längere Zeit kostete, mich von dieser 12-tönigen Faszination loszumachen.

Ich nehme Sie mit auf einen klitzekleinen Ausflug, weg vom Strand, an einen Ort, wo Sie vielleicht selten sind, weil es dort vordergründig eigentlich nichts zu sehen oder zu erleben gibt. Gehen Sie mit mir zum Wäldchen. Wunderschön, gerade in den heiligen Mittagsstunden, wenn sich der Ort der Kurruhe hingibt.

Vom Süderdünenring aus überqueren wir zunächst den Ringschlot, den „Stinkschlot", wo sich immer viele Enten tummeln, und im Frühjahr ein großer Teil des Froschorchesters sitzt und probt. Kein gemütliches Plätzchen, und so gehen wir noch ein Stückchen weiter zum Saum des Wäldchens. Haben Sie eine stabile Jeans angezogen? Wir schlagen uns durchs Gestrüpp des Unterholzes und finden inmitten des Wirrwarrs einen kleinen Tümpel.

Im April und Mai, unter der wärmenden Inselsonne, finden Sie hier die Geburtsstätte der Froschbevölkerung, die schon im nächsten Jahr für Sie aufspielen wird. Setzen Sie sich hin, schauen Sie in dieses lebendige Meer, in den Tümpel, in sich selbst, und vergessen Sie alles andere um sich herum. Ich wette, auch eine lädierte Hose ist Ihnen dann egal.

Und wenn Sie mal ein lautstarkes Froschorchester hören, machen Sie sich die Mühe und hören Sie intensiv zu. Es lohnt sich. Wenn Sie Glück haben, dann spielt es Ihnen die Langeooger Mondscheinsonate in frosch-Moll. Das kann kein anderes Orchester dieser Welt.

„jan"

50. Geburtstag

Sie können feiern, die Insulaner, ihre großen Feste sind berühmt bis weit über die Inselgrenzen hinaus. Der Seglerball, das Dörpfest und viele andere Veranstaltungen. Doch auch die kleinen Feiern sind nicht ohne, die, die bei den Insulanern zu Hause in den eigenen vier Wänden stattfinden.

In den achtziger Jahren gab es eine kleine Runde von Männern, die sich regelmäßig zu einem „zünftigen" Skatspiel trafen. Die Einen spielten mehr recht, die anderen eher schlecht, aber sie spielten, und sie redeten miteinander über Gott und die Welt. Die Damen saßen an anderer Stelle zusammen und sprachen über die wichtigen Dinge, wie Kinder, Schule oder Internat.

Eines Jahres wurde einer von ihnen fünfzig. Seine Skatkollegen zerbrachen sich die Köpfe, was man an einem solchen besonderen Geburtstag wohl schenken könnte. Dichten wollten sie auf jeden Fall, und so wurde geschrieben, wieder gestrichen, ausgefeilt und neu geschrieben. Und bald schon hatten sie auch eine gute Idee für ein passendes Geschenk.

Und dann, an jenem Abend, gingen sie zur großen Feier.
Aus dem Süden war eine Schar von Schwestern und Kindern, Schwägern und Schwägerinnen, Freunden und Freundinnen angereist, Bayrisches wurde dargeboten, Volksmusik mit Jodlern und Juchei.
Die Skatfreunde gratulierten und trugen ihre Gedichte und

Reden vor. Der Erste, der Klügste, hielt eine intellektuelle Ansprache, die niemand verstand. Der Zweite, der Dichter, trug seinen Reim vor. Der Dritte, der Sänger, sang, und die bayerische Schar spielte Volkstümliches.

Und dann das Geschenk: Sie hatten dem Jubilar ein Lamm mitgebracht! Ein springlebendiges und schwarzes Lamm …
Die Überraschung war vollends gelungen! Aaaahs und Oooohs, und „wie niedlich, wie schööön!", und „wie heißt es denn?" Das Tier wurde Apollonius getauft und irrte zunächst ziemlich aufgeregt und orientierungslos zwischen all den Menschen umher. Schließlich führte es der neue Besitzer auf den Rasen hinter dem Haus, wo es fortan – wie ein Zirkuspferd in der Manege – seine Runden drehte.

das hochherrschaftliche Haus ...

die Jubelschar reist an ...

Es wurde ein rauschendes Fest. Die große Küche des herrschaftlichen Hauses stand voller Vorspeisen, Hauptspeisen, Nachspeisen, Obst und sonstiger Leckereien, der Geruchssinn aller war auf das äußerste angespannt, um auch nicht eine Nuance der verführerischen Düfte zu verpassen, und manch einer hatte Schwierigkeiten zu verbergen, dass ihm das Wasser im Munde zusammenlief. Die Weine waren köstlich und die Stimmung bourgeois-burschikos. Das Fest war ein einziger Zungen-, Nasen-, Ohren-, und Augenschmaus!
Der Jubilar stand inmitten der Jubelschar, lauschte den Elogen, den Gedichten, dem Gesang, der Musik, nahm Glückwünsche und Huldigungen, Küsse, Handschläge und Geschenke entgegen.

„Er saß beim Königsmahle,
die Ritter um ihn her,
auf hohem Vätersaale
dort auf dem Schloss am Meer",

so dichtete einst Goethe. Wie passend! Ob er alles vorausgesehen hat? Draußen drehte das Lamm noch die ganze Nacht hindurch blökend seine Runden.

Am nächsten Morgen wollte er das Tierchen auf die Wiesen bei den Kinderheimen führen. Seinen Hund nahm er auch gleich mit. Es war ein schöner und klarer, aber noch sehr früher Morgen im Mai. Das Lamm zog dorfwärts, der Hund aber dorfauswärts, und in der Mitte des Schauspiels stand der müde Jubilar und hielt sich an seinem Fahrrad fest, während sich Leine und Kordel von Hund und Lamm um seine Beine wickelten. Aber das hat fast niemand gesehen, denn es war wirklich noch sehr, sehr früh ... Sie können wirklich feiern, die Langeooger und ihre Gäste.

„jan"

Kuckuck

Es war ein hitziger Tag am Strand. Vor Sonnenschutzcreme klebende Gliedmaßen, Sand zwischen den Zähnen, aus dem Nachbarkorb dringt schon wieder das Geplärre der Gören, Burgenbauer verteidigen lautstark ihre Burgen gegen kleinste Übertretungen, Kinder wollen Eis, Väter sehnen sich nach einem kühlen Bier, und Mütter passen auf die Kleinen (und die Großen) auf. Die Badesaison hatte begonnen.

1971 war mein erster Sommer auf Langeoog, und ich war mit den Gepflogenheiten und Ritualen auf der sommerlichen Insel noch nicht vertraut. Ich hatte nachmittags einen Kuckuck rufen hören, und so wünschte ich Gesundheit für Frau und Kind und mich, und genoss den Sommer um mich herum auf diesem herrlichen Eiland.

Am einem Abend im Juni machte ich einen Spaziergang durch die Dünen, da hörte ich wieder einen Kuckuck, und dann antworteten ihm plötzlich viele hundert Kuckucke. Was war das? Und dann sah ich sie: Siebenhundert waren es, vielleicht auch ein paar weniger. Siebenhundert Männer, Frauen und Kinder, die sich zum Singen in einem runden Dünental eingefunden hatten.

„Tiiii-riiii-aaaa-holriatiria-holria..." erscholl es aus dem Dünental, und dann ein 700facher Kuckucksruf, als ob nicht alle Fasane, Hasen, Rehe und Kuckucke schon zu Tode erschrocken in die tiefsten Ecken der Insel geflüchtet wären, und noch einmal das gleiche: „holriatiria-holria-KUCKUCK!"

Ich stand oben am Rand des Dünentales und bemerkte, wie in der Mitte der sitzenden Menschenmenge der „Oberkuckuck" stand, der das Ganze Flügel schwingend in geordnete Bahnen lenkte.

Als die Kuckucksschar nach der dritten Strophe wieder mit lautem Schenkelklopfen, Händeklatschen, mit tiriaa und allem einsetzte, da wurde ich zum 701. Kuckuck und rief laut „KUCKUCK" in das Dünental hinein, nur leider als Einziger und an der falschen Stelle. ich hatte mich verzählt. Die Blicke des Oberkuckucks versengten mich, und die Vogelschar schwieg betroffen. Seitdem habe ich dieses wunderschöne Dünensingen doch lieber gemieden. Zum KUCKUCK!

„jan"

Tiiii-riiii-aaaa-holriatiria-holria...

Jesus Christ Superstar

„What's that buzz? Tell me, what's happening, what's that buzz ..." Was war das für ein Geschwirre auf der Insel, was war da bloß los? ...

Ein kleiner Italiener, Animateur bei einer Reisegesellschaft, war der Urheber dieses Gerüchteschwirrens im Sommer 1982: „Wir könnten doch eine Aufführung am Strand machen, wir brauchen ja keine Band und keine Sänger, wir lassen die Musik vom Band laufen und ihr bewegt einfach die Lippen dazu. Das machen wir mit den Gästen in unseren Hotels auch so. Man nennt das ‚Playback', man sieht es auch häufig im Fernsehen. Die Stars in den Shows kennen oft ihre eigenen Texte nicht.", so überzeugte er uns. Der damalige Kurdirektor hatte viele Einwände! Aber letztendlich wusch er sich, wie seinerzeit Pilatus, seine Hände in Unschuld und stimmte der Sache zu. Und so wurde beschlossen: Die Rock-Opera „Jesus Christ Superstar" aus der Feder von Andrew Lloyd Webber sollte am Strand aufgeführt werden.

Wer aber sollte welche Rolle spielen? Den Judas und die Maria Magdalena, den Pilatus und den König Herodes, die Hohepriester und die Jünger, das Volk von Jerusalem und all die anderen, und vor allem: wer würde sich zutrauen, die Rolle des Jesus zu übernehmen ?? …

Auf Langeoog gab es damals, ohne allen anderen „Superstars" zu nahe treten zu wollen, einen Menschen, der für diese Rolle geeignet schien. Welche Rollen hatte er auf dem Eiland nicht

schon gespielt, und dazu sein Erscheinungsbild!
Er war im Juni 1965 auf die Insel gekommen, er, das Atelierkind, der seinem Vater beim Malen zugeschaut hatte, der Bleistift und Pinsel in der Hand hielt, bevor er noch reden konnte, der seine Frau, Schülerin an der dortigen Hotelfachschule, im bayerischen Tegernsee kennen lernte, er, der damals aussah wie ein Freibeuter, mager, bärtig und freiheitsliebend.

Was war das nur für ein Geschwirre in diesen Tagen …
All die Zimmerleute und Bühnenbildner, die Kostümbildner und Näherinnen, die Elektriker und Tontechniker, nicht zuletzt die Schauspieler und Tänzerinnen, und all die vielen Freiwilligen und Ehrenamtlichen, und und und. Überall wurde geklopft und gehämmert, geklebt und genäht, Bühnen mussten gebaut, Löcher gegraben, Kabel verlegt werden, und natürlich: Lauf- und Tanz- und Spielszenen mussten einstudiert werden. Die Akteure und Akteurinnen arbeiteten und probten bis zum Umfallen. Keine Arbeit war zu schwierig oder zu viel, alle waren intensiv und ernsthaft bei der Sache. Die Langeooger bekamen die Nase nicht voll und waren fleißiger als dreißig Hotels voller Sommerurlauber irgendwo im warmen Süden.

„Wie stehst du denn da rum? Sieht so ein Pharisäer aus? Du könntest dich auch ein bisschen würdiger verhalten, und überhaupt, nimm deine Brille ab!" … „Mist, meine Kopfbedeckung verrutscht dauernd!" … „Hast du schon mal was von Rhythmus gehört? Du bewegst dich wie ein Klotz!" … die Vorbereitungen hatten verbal manchmal etwas weniger mit der Ernsthaftigkeit des Darzustellenden zu tun, waren aber eindeutiger Beleg für die Seriosität der Darsteller.

Fünf Wochen hatte er täglich geprobt, der Hauptdarsteller, sich täglich eingefühlt, in was und wen er spielen würde: „Jesus Christ Superstar": „Ich war mit Haut und Haaren in diese Rolle geschlüpft,". sagte er, „aber eines Tages, bei einem Frühstück mit Familie, äußerte meine Frau die Hoffnung, mein Rollenspiel möge bald zu Ende sein, ich liefe nur noch segnend durchs Haus."

Dann endlich war es soweit!
Etwa dreitausend Zuschauer hatten sich an diesem Abend am Strand eingefunden, um das Musical über die letzte Woche Jesu zu verfolgen. Es war kalt und windig an diesem Abend, als wären sich auch die Elemente der Bedeutung des Dargebotenen bewusst gewesen. Die „Geschichte" kennen Sie: Jesu Einzug in Jerusalem, das letzte Abendmahl, Verrat, Verhaftung, schließlich Kreuzigung.

Die mitreißende Musik des Andrew Lloyd Webber, das hinreißende Spiel der Langeooger und die herrliche Kulisse des abendlichen Strandes machten die Geschichte zu einer ganz eigenen und einmaligen Aufführung. Wenn es manche Zuschauer manchmal fröstelte, dann lag das nicht allein an der kühlen Witterung, sondern an der intensiven Darbietung. Die Spieler spielten nicht nur, sie wurden Teil der Ereignisse, Komparsen eines größeren Geschehens. Auch die Zuschauer hatten daran Teil: Sie schauten gebannt und litten mit.

Jesus wird verraten, verhaftet, verleugnet, schließlich angeklagt und gefoltert. Die Musik jagt und peitscht durch die Szenen des Geschehens. Jesus trägt sein Kreuz. Es herrscht höchste

was für ein Geschwirre ...

Konzentration ... da läuft ihm ein Hund zwischen seinen Beinen herum. Will er Jesus retten, will er den Superstar trösten? ... Doch auch er kann nicht verhindern, was dann geschieht: Jesus wird gekreuzigt: Die Henkersknechte schleppen das schwere Kreuz mit dem geschundenen Körper zu der Stelle, wo das Martyrium ein Ende finden soll.

Dort ist ein Loch vorbereitet worden, in dem der Fuß des Kreuzes versenkt werden soll. Die Henkersknechte sehen sich unsicher um. Wo ist das Loch geblieben? Es soll doch alles schnell gehen, damit wenigstens der Schauspieler nicht so lange leiden muss. Es ist wirklich schön kalt. Schließlich finden sie es: Ein Zuschauer hatte sich versehentlich darauf gesetzt.

„Father, forgive them, they don´t know what they´re doing!"
"Herr, vergib ihnen, sie wissen nicht, was sie tun!"

Schließlich das letzte Lied: „John Nineteen Fortyone". „Es war aber an der Stätte, wo er gekreuzigt wurde, ein Garten ...", und dann war alles vorbei.
Betroffen verließen wir den Strand und gingen heim. Es war kalt und windig an diesem Abend.
„Mich friert´s", hatte er nach dem Auftritt gesagt. Er war blass und todmüde.
Jesus Christ Superstar ...

„jan"

Es war aber an der Stätte, wo er gekreuzigt wurde, ein Garten ...

Tief im Osten, wo die Sonne aufgeht ...

Am Ende der Insel, ganz tief im Osten, sozusagen im Pfeifenstiel, liegt die Langeooger Meierei. Eigentlich ist „tief im Osten" ja gar nicht so „tief", bedenkt man, wie weit Sie, lieber Kurgast, haben fahren müssen, um überhaupt die Insel zu erreichen. Aber alle diejenigen, die schon mal bei strahlendem Wetter zur Meierei gefahren sind und bei Regen und sechs Gegenwindstärken zurückradeln mussten, wissen, was „tief im Osten" bedeutet.

Meine Frau und ich entschlossen uns, an einem sonnigen Pfingstsamstag eine Wanderung in den „tiefen Osten", zur Meierei zu machen. Den Hinweg über den Strand, den Rückweg an den Weiden entlang und durch das Pirolatal. Unsere Schuhe waren bald voller Sand, und so zogen wir sie aus und gingen barfuß, wobei wir beim Überqueren von Muschelfeldern so manche Unflätigkeit von uns gaben. Stiefel hätten wir gebrauchen können, aber da hätte wohl schon bald der Schweiß drin gestanden.

Es gibt ein schönes Gedicht, „Das Huhn und der Karpfen", an das ich immer dachte, wenn wir einen Ausflug zur Meierei machten. Heinrich Seidel hat es geschrieben:

> Auf einer Meierei,
> da war einmal ein kleines Huhn,
> das legte, wie die Hühner tun,
> an jedem Tag ein Ei
> und kakelte, spektakelte, mirakelte,
> als ob's ein Wunder sei!

1929. Fünfundzwanzig Jahre alt war der gelernte Landwirt Erich Falke, als sein Vater ihn bat, ihm in seinen gastronomischen Betrieben zu helfen. Julius Falke führte das Langeooger Hotel „Falke" und war langjähriger Besitzer vom „Strandhotel-Kurhaus", eine für damalige Verhältnisse gehobene Nobelherberge.

In jenen Jahren dauerte die Badesaison kaum 10 Wochen, und Falke Junior machte sich berechtigterweise ernsthaft darüber Gedanken, wie er in den restlichen neuneinhalb Monaten des Jahres sein Auskommen verdienen sollte. Er stellte einen Antrag auf Pachtung und Kultivierung eines Dünentals, was allerdings in erster und in zweiter Instanz abgelehnt wurde:
„Wenn Sie die Meierei pachten wollten, dann würden wir zustimmen!"
„Aber die ist doch schon verpachtet!"
„Ja, aber nicht mehr lange, wollen Sie?"

Natürlich wollte er. Es gab wohl auch noch andere Bewerber, aber wenn man schon Falke heißt, muss man auch einer sein. Er kam, sah und siegte.
Er fand einen ziemlich baufälligen Altbau vor, und begann bald mit Wiederaufbau und Sanierung. Decken wurden eingezogen, Fußböden verlegt, „Volksheimwände" abgerissen, die Kammern renoviert und und und …

Auf halbem Wege stellte ich fest, dass meine Gesichtshaut sich zusammenzog wie ein trocknendes Fensterleder. Nicht eingecremt!
„Meine Güte, ist doch weiter als ich dachte", gab meine Frau erste Zeichen von Müdigkeit zu erkennen, „müssen wir nicht hier schon über die Dünen?"

Da mussten wir nicht über die Dünen, denn da flogen die Möwen Tiefangriffe! Wir flüchteten schnell zurück zum Strand und setzten unsere Wanderung fort.

„Es war ein Teich dabei,
darin ein fetter Karpfen saß,
der stillvergnügt sein Futter fraß
und hörte dies´ Geschrei,
wie´s kakelte, spektakelte, mirakelte,
als ob´s ein Wunder sei."

Noch im gleichen Jahr die Weltwirtschaftskrise und die damit einhergehende Entlassung von dringend benötigtem Personal.

die ganze Meierei ...

In der Folgezeit vernichtete Ernten, andererseits Bodenverbesserung in einem Dünental durch Verschlickung, und dann der zweite Weltkrieg mit seinen Versorgungsengpässen (Teemangel!). Erfolge und Misserfolge wechselten sich ab.

16./17. Februar 1962: Den ganzen Tag schon hatte ein Sturm getobt, und nachmittags setzte die Flut ein. Kühe, Pferde und Federvieh waren durch die heranrollenden Wellen in direkter Gefahr und mussten gerettet werden. Die Tiere sollten in die höher gelegenen Dünen getrieben werden. Aber machen Sie das mal mit verängstigten Kühen, scheuenden Pferden und panisch gackernden und durcheinander rennenden Hühnern!

Mit einer Kuh an der Leine vorneweg versuchte Schwiegertochter Doris, die anderen Tiere zum Folgen zu bewegen. Denkste! Gar nichts wollten die. Laut rufend und hüfthoch im eiskalten Wasser stehend, schafften es Vater, Sohn und Schwiegertochter schließlich, die Tiere in die Dünen zu treiben. Alles Vieh, bis auf wenige Hühner, konnten gerettet werden.
Anders in Hamburg: Dort starben zur gleichen Zeit Hunderte von Menschen.

Als im Oktober desselben Jahres ein Teil des Stalls abbrannte, und einige Pferde und der einzige Trecker den Flammen zum Opfer gefallen waren, war guter Rat teuer. Die Landwirtschaft ganz aufgeben kam nicht in Frage, aber alles nur auf sie zu setzen ein offenbar riskantes Unternehmen: „Versuchen wir's doch mal mit einer Gastwirtschaft! So richtig schön, mit Terrasse und allem. Es kommen immer mehr Radfahrer her. Wie wär's?"
Die Antwort kennen wir.

Endlich hatten wir den richtigen Übergang gefunden. Halb verdurstet und gerötet überquerten wir die letzten Dünen und sahen die Meierei. Der fröhliche Terrassenbetrieb erschien uns wie das gelobte Land. Klaus, Doris und Tochter Dagmar Falke begrüßten uns herzlich. Er fragte, ob ich hohen Blutdruck habe, wegen meiner Gesichtsfarbe. „Natürlich nicht", verneinte ich und wurde noch ein bisschen röter. Meine Frau und ich bestellten Matjes mit Brot, sie mit Wasser, ich mit einem großen, kühlen Bier.
Die Matjes schmeckten herrlich, das Brot war frisch und das Bier ... Mineralwasser wäre wohl doch die bessere Idee gewesen, aber das behielt ich für mich, seufz...

1971 übergab Erich Falke, Urvater und Begründer der jetzigen Dynastie „Falke" die Meierei seinem Sohn Klaus und seiner Schwiegertochter Doris die Geschäfte. Klaus, ein stets lachbereiter Mensch mit freundlichem Wesen, und mit großen Händen, die anzupacken wissen; und Doris, seine Frau, die Pragmatikerin, fröhlich-kritisches Menschenkind, das sich noch heute freuen kann über ein „Cum laude", das ihr damaliger Französisch-Dozent unter ihre Arbeit schrieb. Und die beiden, Doris und Klaus, sind heute so alt wie damals Erich und übergaben demnach Tochter Dagmar die Meierei. Und die hat heute tüchtig zu tun!

Immer lauter wurde das Treiben auf der Terrasse. Kinder quengelten, müde gespielt, Schüler begrüßten sich lauthals erfreut, Bestellungen wurden gerufen, „Drei Matjes bitte! Und drei Bier", „Ich hätt' gern noch 'ne Dickmilch", „Kann ich ein Eis haben?!" „Und ich drei Würstchen!?" „Wann fahren wir zum Strand?" ...

„Da sprach der Karpfen: „Ei,
alljährlich leg´ ich ´ne Million
und rühm mich des mit keinem Ton.
Wenn ich bei jedem Ei
so kakelte, mirakelte, spektakelte,
was gäb´s für ein Geschrei!"

1971: Aus einem der Fenster des Wohnhauses blickt ein älterer Herr auf das Treiben auf der Terrasse. Sie gleicht einem übervollen Hühnerstall. Ein Gegackere, als gelte es, Eier zu legen. Er schaut auf sein Manuskript: „Die Geschichte der Meierei" steht auf der ersten Seite. Und er denkt zurück an die Zeit, als die Meierei noch ein ganz einsamer Ort war, tief im Osten. Lang, lang ist es her.

Auf dem Rückweg hatten wir keinen Regen und keine sechs Windstärken, aber sehr viel Sonne und müde Füße. Als wir zu Hause ankamen, haben wir uns hingelegt.

„jan"

(Teile der Geschichte der Meierei entnahm ich mit freundlicher Genehmigung dem Manuskript des Herrn Erich Falke)

tief im Osten ...

für mich ein Bier ...

Shanties

Als ich mit Frau und Kind 1988, nach 18 schönen Jahren, die Insel verließ, da war uns die Insel vertraute Heimat geworden, obwohl es immer noch viel gab, was wir nicht wussten oder kannten von der „Insel fürs Leben". Drei Jahre zuvor z.B. war auf Langeoog ein Shanty-Chor vom Stapel gelaufen, getauft auf den Namen „de Flinthörners". 2006 feierte er also schon seinen 21. Geburtstag. Shanty-Chöre gehören zwar, wenn Sie, liebe Leser, mir diese Meinung erlauben, nicht unbedingt zu meinen musikalischen Favoriten, aber dass „de Flinthörners" als feste Langeooger Institution volljährig geworden waren, ohne, dass ich sie je gesehen hatte, das ging nun wirklich nicht. Im Juni war ich für eine äußerst kurze Stippvisite auf dem Eiland, und

wie die Orgelpfeifen in Reih und Glied ...

ich hatte Glück, denn der Shantychor hatte am Abend meiner Ankunft einen Auftritt.

Auf dem Weg zum Haus der Insel stellte ich sie mir vor: Aufgereiht wie die Klasse einer Privatschule stehen sie bestimmt da, in Reih und Glied, mit Schiffer-Mützen und Fischerhemden. Von Ferne höre ich sie schon singen: „What shall we do with the drunken sailor", und dieses Lied mit dem „Veermaster", wie heißt es noch ? ...
Ich saß schon mehr als eine halbe Stunde vor Beginn des Konzertes im großen Saal im „Haus der Insel". Wenigstens wollte ich einen guten Platz haben, denn dass sich „De Flinthörners" großer Beliebtheit erfreuten, das wusste ich wohl. Aber dann staunte ich nicht schlecht: Die Stühle der ersten fünfzehn Reihen waren so früh bereits gut gefüllt, und einige mit Zetteln versehen, auf denen stand: „Reserviert"!

Um es vorweg zu nehmen: Ich war begeistert!
Als der Vorhang aufging, standen sie ganz und gar nicht stolz da wie die Orgelpfeifen, sondern zusammengewürfelt in der Kulisse einer Südsee-Bar. Nicht geschniegelt und gestriegelt, sondern wie ein wilder bunter Haufen, gestandene Kerle, erfahrene Seemänner, von denen man sich überlegt, ob man ihnen nachts im Dunkeln begegnen möchte.

Es ging los. Die Mannschaft der Bark „Hoffnung" meisterte eine erste Untiefe: ein Brummton dringt aus dem Lautsprecher, doch in Sekundenschnelle war diese Havarie behoben. Und schon das Opening von Leichtmatrose Ralf blies alle meine Zweifel endgültig beiseite. Dies war kein Shanty-Chor wie jeder andere. Mit einer Stimme, so eindringlich wie die große Glocke der

St. Paul's Cathedral sang Ralf „Five o´clock in the morning".
Bootsmann Gerrit führte charmant, witzig und souverän durch den Abend. Und seine Interpretationen irisch klingender Shanties gehörten für mich ohne Frage zu den Glanzpunkten des Abends.
Els Sanders, in seiner unnachahmlich witzigen Art ein großer Entertainer, sang "Whiskey for my Jonny", und es schien, als dichte er auf der Bühne neue Strophen hinzu, die offenbar auch der Chor noch gar nicht kannte.

Zwischendurch Seemannsgarn. Der alte Kahn "Emma" droht zu sinken, aber Siggi hat sich an der Pumpe einen Hexenschuss geholt. Ein Gast aus dem Publikum muss aushelfen, angetrieben von Els als „die Alte vom Käpt'n". Herrlich!
Das Publikum jubelt.
Dann begeistert Leichtmatrose Sebastian das Publikum mit Akkordeon und Panflöte. Er spielt „Lilli Marleen".

Als Willi und Jojo in „Nüchtern und schüchtern" ein Tänzchen auf der Bühne wagen, Jojo als „leichtes Mädchen" in einer kleinen Hafenbar, Willi mit seiner Stimme, wie aus dem Hauptmast gewachsen, da tobt der Saal regelrecht.

Wissen Sie, wie eine Mischung aus Schiffsmotor, Nebelhorn und Fischverkäufer klingt? Nein? Dann hören Sie sich Heizer Siggi an, wenn er die „Story of Mary" oder "Bora Bora" singt. Was für ein Waschbrettorgan, aber wie herzergreifend musikalisch seine Lieder. Das Publikum war gerührt.

Glauben Sie, dass eine Mannschaft Skorbut kriegen kann, wenn sie einen Mann an Bord hat, der singt wie Smutje Winni? Ganz

Rock'n'Shanties ...

sicher nicht. Wenn Winni singt, dann wird der Grünkohl von selbst gar, und das zäheste Stück Fleisch butterzart. Nicht nur die Seemannsbräute, auch gestandene Seebären bekommen bei solchem Gesang weiche Knie.
Und wenn die Bark „Hoffnung" an Hawaii vorübersegelt ohne anzuhalten, und die Männer dieses Paradies unter Palmen nur aus der Ferne betrachten können, dann tröstet sie Heizer Siggi und singt ihnen sein „Südseelied".

Die ganze Mannschaft, der ganze Chor der Bootsmänner, zeigte sich in bester Verfassung. Sie sangen und spielten wie die Profis. Kapitän Puppa Peters hat mit ihrem einfühlsamen Akkordeon, ihrer großen Musikalität und ihrer Stärke, auch harte Jungs zu führen, die Crew fest in der Hand. Egal wohin sie segeln, die Matrosen der Bark „Hoffnung", Puppa bestimmt den Kurs. Aus ihrem Herzblut für die Shanty-Welt hat sie einen Chor geformt, der in der Sparte „Shanty-Chor" ohne Zweifel seinesgleichen sucht. Sie kann stolz auf sich und ihre Mannschaft sein.

Die Vorstellung ging zu Ende. Leichtmatrose Ralf sang „The last Shanty", ein regelrecht rockiges Lied, ein Rock'n'Shanty. Ganz am Ende der Vorstellung wurden alle Kinder auf die Bühne gebeten, und zusammen mit den harten Jungs der Bark „Hoffnung" sangen sie „Bye bye my Roseanna!" Was für ein Schlussbild.

Und so, liebe Leser, tue ich Abbitte und sage: Wenn Sie von den Flinthörners vorgetragen werden, dann sind Shanties ein Ohrenschmaus. Und ein Augenschmaus sowieso! De Flinthörners haben einen neuen Fan gewonnen. Möge die Bark „Hoffnung" noch lange auf rechtem Kurs dahinsegeln und allen Stürmen trotzen.

Auf dem Heimweg regnete es. Das geschah mir Recht.

„jan"

Ableger ...

Vater Unser im Eiscafé

Es war ein warmer Sonntag im Juli. Der Strand hatte den ganzen Tag die ölige Menschenmasse ertragen, die Angestellten in den kleinen Geschäften an der Höhenpromenade hatten runde Füße und sehnten sich nach Hause, nach Ruhe und Erholung. Die Eisverkäufer wollten ein Würstchen, und die Wurstverkäufer sehnten sich nach einem kühlen Eis. Die Pferde der Kutschen am Bahnhof ließen die Köpfe hängen. Sie machten bis zum nächsten Zug ein kleines Mittagsschläfchen. Wie eine Glocke hing die Wärme über der kleinen Insel.

Die Insulaner und Langeooger, die zu Hause geblieben waren, hatten sich in die Horizontale begeben und waren wegen der Wärme und nicht zuletzt wegen der „Heiligen Mittagsstunden", nicht willig, auch nur die geringste Arbeit zu verrichten. Außerdem war Sonntag, und am siebten Tage sollst du ruhen ...

Und just an diesem siebten Tage der Woche kam Bach, Johann Sebastian Bach.

In den Schaufenstern der Geschäfte, an den Eingangstüren der Banken, sogar in manchen Kneipen hingen Plakate, die das Konzert ankündigten: „Insel- und Gästekantorei, Orchester und Solisten singen und spielen Motetten, Kantaten und sonstige Werke von Johann Sebastian Bach. Eintritt frei. Um eine Spende wird gebeten."

Nachmittags hatten sie noch geprobt. Hier noch eine Unsauberkeit ausmerzen, dort die Töne etwas länger ausklingen lassen, Tenöre im zweiten Takt etwas zurückhalten, Soprane bitte nicht die Höhe verlieren, die zweite Geige piano und nicht wie ein Sturmwind und achten Sie bitte auf Ihre Einsätze!

„Wir gehen noch in die Eisdiele!" Die Probe war vorbei, noch drei Stunden bis zum Konzert, ein bisschen essen, ein bisschen ausruhen, umziehen und dann in die Kirche.
Sopran, Alt, Tenor und Bass, wie verabredet für ein Quartett, gingen in die Eisdiele an der Ecke Hauptstraße/Rudolf Eucken-Weg. Sie war voll. Voll mit Menschen, die bei gewaltigen Eisbechern Kühlung suchten und nach dem Verzehr noch durstiger waren als zuvor.

Sopran trank einen Capuccino, Bass ein Bier (beneidenswert, was die sich alles, sogar vor einem Konzert, leisten können!), die Gast-Altistin genehmigte sich einen Rotwein mit Eigelb (uaaaah!) und der Tenor?
Von der Stimmgattung Tenor hat der Stardirigent Toscanini einmal behauptet, sie sei keine Stimmart, sondern eine Krankheit, aber er hoffe doch, sie sei ansteckend. Der Tenor also trank, nach langem Zögern, einen schwarzen Kaffee, denn Milch schleimt, kalte Getränke kämen überhaupt nicht in Frage, und Eis!? Da könne man sich genauso gut postoperativ ins Bett legen! Eis, stell' dir vor!

Die Eisdiele summte vor leisen Gesprächen. Die Sänger hatten sich eine äußere Ecke ausgesucht und besprachen leise den Ablauf einer Bachkomposition.

Die Partituren lagen geöffnet vor ihnen: „Vater unser im Himmelreich". Können wir nicht einmal, nur ganz leise...?

Und das war der Augenblick, an dem Bach an der Hand eines Engels diese Langeooger Eisdiele besuchte. Er, der große Komponist, blieb an der Türe stehen und horchte, der Engel machte seine Runde. Vier Stimmen sangen, leise, und dennoch reichten sie bis in die andere äußere Ecke, und vielleicht auch bis zum Himmel. Niemand sprach mehr, Ergriffenheit. Vier Menschenkinder sangen: „Vater unser im Himmelreich"…

Abends war die Kirche voll besetzt, an diesem warmen Sonntag im Juli …

„jan"

an der Hand eines Engels …

Larrys Hahnengesang

Auf Langeoog gehört die Kleinviehhaltung von je her zum Insulanerleben. Im Außenbezirk „Klein Moskau", wo die Glücklichen des Dorfes sich ein Stückchen Inselerde gepachtet haben und dort bis zu ihrem Abschied vom Eiland (so oder so …) Nutzgärten anlegen und Schweine, Hühner, Gänse und Enten halten können, dort also, jenseits des dörflichen Trubels, gab (und gibt es noch) Hähne, die nach Herzenslust und zu frühester Morgenstunde krähen dürfen. In „Klein Moskau" wohlgemerkt, nicht im Dorf …

Augenblicksgott …

Larry war ein Insel-Original, und so weit ich weiß, der einzige Mensch, der eine ganze Zeitlang renitent und dickköpfig gegen das Inselgebot „Du-sollst-keine-Hähne-halten-im-Dorf" verstieß und manchen Nachbarn und noch mehr Nachbarinnen gegen sich aufbrachte.

Er hatte von einem seiner Schüler aus dem hohen Norden einen Zwerghahn bekommen, und gewährte ihm Obdach in einem selbst gezimmerten Hühnerstall, den er in einem teilweise natürlichen, teilweise durch Grabung vertieften Erdloch gleich hinter dem Internatsgebäude unterbrachte. Und das Tier tat, was solche Tiere tun: es krähte, zwar nur mit Zwergenton, aber unchristlich früh. Und zu solch außergewöhnlich frühen Zeiten hat die Gattung Mensch, vor allem, wenn sie Urlaub macht und sich völlig der Ruhe und Erholung hingeben will, ein fast übergroßes Gespür für unerfreuliche Geräusche.

Sicher kennen Sie auch das: Fasane und Hasen erschrecken Gäste und Insulaner, die nichts ahnend durch die Landschaft spazieren und vor lauter Schreck zusammenfahren, wenn diese Flattermänner und Renner wie ein Blitz aus Strauch und Wiese flitzen und davon fliegen oder rennen, als seien höllische Mächte hinter ihnen her. Sie hatten ja auch ein bisschen Recht, denn im Herbst hingen viele von ihnen, sehr tot, bei „Feinkost Eckart" an der Fassade.

„Kikerikiiiii!"

Am Tag zuvor hatte Larry dem Hahn noch die Leviten gelesen: „Du hast wohl nicht alle Tassen im Schrank. Ich hab ja nichts dagegen, dass du tagsüber ab und zu mal krähst, aber so früh morgens so herumzuschreien, nein, das geht wirklich zu weit!" Es nützte nicht. Natürlich hatte sich die Gattung Mensch beschwert und das nicht nur bei der Polizei, sondern gleich auch bei der Kurverwaltung und sogar bei der Schulleitung. Nur nicht bei ihm, dem Hahnherrn.

Und er, geboren in Westpreußen, Jugend und Abitur in Jever, Studium in Hannover und Kiel, mit großem Herz für Schüler und Kleinvieh, und zeitlebens auf der Flucht vor Normalität, weil er, wie er sagte, „panische Angst" hatte, eines Tages „zu werden, wie alle anderen sind", er sah sich gezwungen, sich der „Obrigkeit" zu beugen und eine andere Unterkunft für seinen Zwergenhahn zu suchen. So brachte er das Tierchen samt zweier Hühner auf dem Speicher des Internates unter. Von diesem Tag an war sein Hahn nur noch sehr selten in den Straßen des Dorfes zu hören.

Heute sitzt mir Larry gegenüber, und wir erzählen von früher, von der Insel, die wir nicht vergessen können und werden. Und er bemerkt, ein bisschen erschrocken, dass das sehr wohl Normalität ist ...

„jan"

Heilkraft ...

Sportstrand ...

Inselkirche ...

Hans Stolle

Wenn ich irgendwann irgendwo einem Menschen begegne, dessen Gesicht ganz besondere Merkmale trägt, dann kann es sein, dass ich Jahrzehnte später, an einer völlig anderen Stelle, auf der Straße, auf einem Photo in der Zeitung oder wo auch immer ein Äußeres sehe mit den gleichen Besonderheiten. Und wie aus heiterem Himmel taucht dann ein Gesicht auf aus den Jahren der Erinnerung. Auch Gerüche und Düfte vermögen dies, sicher kennen Sie derlei Dinge aus eigener Erfahrung.

Wir haben uns oft und intensiv unterhalten. Nicht über die Jagd, die seine große Leidenschaft war, denn davon, so behauptete er, verstünde ich nichts. Sein Gesicht war hager, seine Züge kantig, seine Stimme klang in Richtung Bass. Und seine Augenbrauen! Wie zwei renitente Bürsten, dicht und buschig, die eine nach links, die andere nach rechts, so wie sich das gehört. Und immer wenn ich in den nachfolgenden Jahren Bilder eines gewissen Finanzministers sah, musste ich an ihn denken.

Er war Bürgermeister von Langeoog, auch Jäger und Restaurantbesitzer, nicht zuletzt stolzer Vater zweier Söhne. Erinnern Sie sich noch an das „Kaaprestaurant"? Nein? Na ja, es ist ja alles auch schon ein bisschen her.

Ich denke, es muss in einem Spätherbst gewesen sein. Ich lief ziellos und gedankenverloren durch die Hauptstraße, als dieser besondere Geruch, dieser spezielle Duft auf meine Nase traf.

Solche Wendungen sind eigentlich viel zu schwach um auszudrücken, wie sich das wirklich anfühlte. Ein Duft wie eine Verheißung, die alle Sinne anregt und das Gehirn zu verwirrenden Bildern inspiriert, ein Duft, der alle Wasser im Munde zusammenlaufen lässt, solch ein betörender Duft strömte an diesem tropfenden Herbsttag aus dem „Kaaprestaurant", das zu diesem Zeitpunkt noch geschlossen hatte.

Schräg gegenüber, in der Türe seines Wirtshauses, stand der alte Gastwirt, der genau wie ich witternd wie ein Jagdhund, den Geruch aufnahm, der durch die Straße zog. Wir grüßten uns, dann wandte ich mich wieder dem Restaurant zu.

Die Tür war nicht verschlossen. Ich öffnete sie und schaute ins Halbdunkel, und jemand sprach:
„Komm doch rein, willst'n Bier?"
„Äh ... ja, ... nein", stotterte ich erschrocken, „es riecht so unglaublich gut bei dir." Er saß im Halbdunkel und las Zeitung.
„Ich mache einen Rinderschmorbraten mit Gemüse", sagte er, willst du mal sehen?"

Natürlich wollte ich. Er führte mich in seine Küche, wo eine meterlange Kasserolle auf dem Ofen stand, darin ein Braten von königlichen Ausmaßen. Und rundherum Karotten, Selleriestücke, Zwiebeln, Lauchgemüse, Petersilie und was der Garten sonst noch so hergegeben hatte. Der Duft in der Küche war so intensiv, dass man ihn mit Händen greifen zu können glaubte.

„Warte, ich muss ihn eben umlegen", sagte er und drehte den dunkelbraunen, saftigen Braten mit zwei großen Löffeln

tropfender Herbsttag ...

vorsichtig um. „Niemals mit der Gabel!", dozierte er, „sonst geht der Saft verloren!"
„Wer soll das alles essen," staunte ich, „das ist ja ein Riesending!"
„Ich habe heute Abend eine Jagdgesellschaft zu Gast."

Und da stand ich, mit dem Braten vor Augen und dem Duft in der Nase, mit den Wassern, die in meinem Munde zusammenliefen, und mit dem Magen, der knurrte wie ein alter Wolf, und hatte keine Ahnung von der Jägerei. Wie schrieb schon einst Wilhelm Busch:

> Es wird mit Recht ein guter Braten
> gerechnet zu den guten Taten.

Den Duft habe ich nie vergessen ...

„jan"

Sichtweite ...

Schönheit

Was ist eigentlich Schönhcit? Im Rechtschreibeduden findet man das Wort ohne weitere Erklärung, im blauen Duden („Die Sinn- und sachverwandten Wörter"), wird etwas deutlicher darauf eingegangen: „Frau, Herrlichkeit, Wohlgestaltetheit" (Junge, ist das ein Wort!).

Ich bin mir bewusst, dass die Schönheit, die ich hier beschreiben möchte, alles und nichts mit den siebziger und achtziger Jahren auf Langeoog zu tun hat. Sie ist heute noch wie damals unverändert schön, und doch ist sie – legen Sie Beschwerde beim Autor ein, wenn Sie anderer Meinung sind – eine Schönheit ganz eigener Art. Ich hege nicht den Anspruch zu wissen, was Schönheit an sich ist. Wie könnte ich auch, denn ist nicht Schönheit für jeden Einzelnen etwas anderes? Und das bei einer Weltbevölkerung von etwa 6 Milliarden Menschen! …

Nein, sie hat sich in all den Jahren nicht verändert, sie ist heute so schön wie damals schon: die Inselrose! Sie ist eine vierfache Schönheit. Im Winter sieht sie morbide aus und ein bisschen bedrohlich, weil man dann die Dornen besser sieht. Wenn sich dann im Frühjahr, nach einer langen Periode der Blätter- und Blütenlosigkeit, die ersten hellgrünen Blättchen aus der Dornenvielfalt an den Ästen wagen, dann klopft das Herz des Betrachters höher, und vor dem inneren Auge entwickeln sich schon der Anblick und der Duft des Sommers: eine Blütenpracht, die ihresgleichen in Menge, Duft und Schönheit sucht. Und im Herbst, wenn frühmorgens noch der Klang des Nebelhorns in die Fenster wabert, später aber die Sonne den Nebel vertreibt, ja dann leuchten Abertausende orangerote Hagebutten auf wie ein endloser Laternenumzug, fangen Milliarden Tröpfchen, die der Nebel auf die Spinnengewebe gelegt hat, das Licht der Sonne ein und geben uns das Gefühl, inmitten eines Meeres aus Brillanten und Rubinen zu stehen.

An manchen Stellen der Insel sind die Sträucher so hoch und wild gewachsen, dass man dort kaum mehr über sie hinwegschauen kann, woanders sind sie ordentlich beschnitten. Schön sind sie hier wie dort.

Schönheit. Ein Solokonzert hinter der katholischen Kirche.
Es war an einem ziemlich kalten Abend Ende Oktober, in den Siebzigern. Ich wollte noch einen Spaziergang machen und schlenderte gemächlich durch die Friesenstraße in Richtung Strand. In Höhe der letzten Häuser auf der rechten Seite hörte ich auf einmal den sanften Ton einer Flöte. Die Kirche lag dunkel und verlassen da, aber deutlich vernehmbar kam die Musik aus dieser Richtung. „Air" von Bach, eine empfindungstiefe Melodie von unbeschreiblicher Schönheit, die mich umso mehr berührte, weil der Gegensatz zum Wetter nicht größer hätte sein können. SIE spielte Bach, es war eine Frau, vielmehr ein Mädchen, das hinter der Kirche auf ihrem Rucksack saß und gedankenverloren musizierte. „Ich heiße Irène, ich bin Au-pair-Mädchen bei einer Familie in Oldenburg und habe das letzte Schiff verpasst. Aber ich habe kein Geld mehr, um mir morgen eine neue Fährkarte zu kaufen. Ich schlafe in meinem Zelt.", antwortete sie mit französischem Akzent auf meine erstaunten Fragen. Dann ging ich weiter, sie spielte die Schlussakkorde. Am nächsten Morgen fuhr sie mit dem ersten Schiff ans Festland …

eine vierfache Schönheit ...

Schönheit. Als wir die Insel in den Achtzigern für immer verließen, hatten wir am Anfang das Gefühl, aus dem Leben zu scheiden, was wir dann in der Folgezeit, Gott sei Dank, nicht taten. Und dann passierte es, auf einem sonntäglichen Ausflug in unserer neuen „feindlichen Fremde", dass wir an einem See plötzlich diesen Duft in die Nase bekamen, der uns die Witterung aufnehmen ließ wie die Jagdhunde. Und dann, wir waren wie vom Blitz getroffen, sahen wir sie: Inselrosen! Wir haben uns an den Händen gehalten, und uns erinnert an die vielen Spaziergänge durch Sommerdünen, umhüllt vom Duft der Langeooger Inselrosen. Sentimental? Oh ja, gewiss, aber sie sind nun einmal so schön, die Rosen, und sie duften so betörend.

„jan"

Seemannshus ...

Free Jazz

Emils Kühe gaben zwei Tage lang Buttermilch!
Kalles Hühner traten in Legestreik!
Die Feuerwehr bekam ein neues Martinshorn!

Herbst 1972. Die beiden Internatsschulen, das Nordseegymnasium und die Realschule waren noch streng getrennt: Die Schüler sprachen nicht miteinander, die Lehrer kannten sich nicht oder taten zumindest so, und Schülergerüchten zufolge benutzten beide Schülergruppen ihre „eigenen" Wege über die Insel. Wie beim fliegenden Klassenzimmer!

Ein Artikel im Feuilleton der FAZ – meine Güte, wie konservativ – über einen Jazzer hatte es mir angetan: „Ich möchte", hatte er dem Journalisten diktiert, „der Jugend meine Musik näher bringen! Ich bin Freejazz-Musiker, und leider wissen die wenigsten mit dem Begriff ‚Free Jazz' etwas anzufangen. Ich möchte für ein jugendliches Auditorium spielen, und sie von der Aussagekraft meiner Musik überzeugen."
„Er" war der Saxophonist Peter Brötzmann, inzwischen auf allen großen Bühnen der Welt bekannt und berühmt.

Ich saß und las, dann nahm ich das Telefon und rief an, in Frankfurt. Zunächst die Redaktion, dann den Musiker höchstpersönlich:
„Hallo, Brötzmann hier", klang es.

„Ich ... äh ... ich unterrichte Musik an der Schule hier, und Sie haben gesagt, dass Sie Ihre Musik der Jugend näher bringen wollen! Wir möchten Sie gerne einladen, das hier bei uns zu tun. Wie viel würde das kosten?"
„Unsere Minimumgage sind 3000 DM + die Hälfte der Reisekosten für meinen Schlagzeuger aus Amsterdam und den Pianisten aus Brüssel."
„Oh ... Sie haben doch gesagt, dass Sie Ihre Musik Jugendlichen näher bringen wollen ... und ... ähem ... wir können keine 3000 DM und noch mehr aufbringen. 500 sind das höchste."

„FÜNFHUNDERT MARK?? Dafür steh ich morgens nicht mal auf", brüllte er durchs Telefon, „das ist ja wohl 'ne Frechheit!"
Er wollte wissen, wo das Konzert überhaupt stattfinden solle, ob ein Flügel oder Klavier vorhanden und ob für Übernachtung gesorgt sei.
„Langeoog? Wo ist das? Auch noch eine Insel?? ... Wie kommt man da denn überhaupt hin ... warten Sie, ich schau mal auf die Karte, ... ach du lieber Himmel, das wär ja ne halbe Weltreise, ... kann man da den Lieferwagen mitnehmen? ... Was? Nicht mal das? Und sie können nur 500 Mark zahlen?? ... Nein, nein, das geht ganz sicher nicht, ... hmm, 500??? ... also gut, wir kommen!"

Ich dachte, ich hätte mich wohl verhört, aber nein: „Wir kommen, so eine Frechheit!..."
Ich nannte Datum, Zeit und Schiff (Die „Kosmos" von Kapitän Janssen), und rief in Oldenburg bei einem „Abendfüller" an, der Rockgruppe „Spektakel" (sie machte ihrem Namen alle Ehre), die für 100 DM den Anfang machen wollten.

vor dem Spektakel ...

Herbst 1972. Nordseegymnasium und Realschule waren noch streng getrennt..., aber die Schüler BEIDER Schulen saßen oder lagen im zum Konzertsaal hergerichteten Ess-Saal des damaligen Gymnasiums und lauschten dem eröffnenden „Spektakel". Die Fensterscheiben wackelten und das Geschirr klapperte in den Regalen.

Der Bassist stand mit geschlossenen Augen wie versunken auf der Bühne und lauschte (kann man bei solchem Lärm von „lauschen" reden??) den Trommelfell erschütternden Läufen der Gitarre, sowie den mit voller Kraft und Lautstärke getrommelten Synkopen des Drummers. Als sich nach dem Auftritt das „Spektakel" von der Bühne entfernt hatte, waren alle kurzzeitig stocktaub und erschöpft.

Zeit zum Verschnaufen gab es nicht. Denn dann kam Peter Brötzmann mit seiner kleinen Band (Han Bennink (NL) am Schlagzeug, Fred van Hofe (B) am Flügel), und was diese drei Musiker auf die Bühne brachten, war eine absolute Sensation (von Schönheit habe ich nicht gesprochen) ...

Brötzmann spielte in voller Lautstärke und ohne Unterlass „sprossenlose" Tonleitern (wer kann das schon auf einem Saxophon!) von oben nach unten und von unten nach oben und wieder umgekehrt, und es klang wie das Brüllen eines Löwenrudels.

Bennink schlug mit Knüppeln auf sein Schlagzeug sowie auf Holzblöcke ein, als gelte es, das Wäldchen abzuholzen, manchmal

„Was? Auch noch eine Insel?" ...

blies er auf einem Gartenschlauch mit Trompetenmundstück am einen, sowie einer Art Trichter am anderen Ende und drehte sich dabei um die eigene Achse: „Huuu-huuuu-huuuu", klang es wie ein Martinshorn, immer bedrohlicher und lauter.

Und auch van Hofe stand seinen Kollegen in nichts nach. Scheppernd und dröhnend schlug er die Flügelklappe auf und zu, griff in die Saiten und zupfte an, was sag ich, er riss die Saiten fast aus dem Instrument, und wenn er auf die Tasten einhämmerte, entstanden Akkorde, auf die die 12-Ton-Komponisten der Neuzeit in ihren kühnsten Träumen nicht gekommen wären.

Henry Miller schrieb 1934 in seinem Buch „Wendekreis des Krebses": „Ein Konzert ist die höfliche Form einer selbst auferlegten Folter." Was würde er geschrieben haben, wenn er dieses Trio hätte hören können?

Die Lehrer und Lehrerinnen waren entsetzt, die Kühe gaben nur noch Buttermilch, die Hühner legten keine Eier mehr, und die Langeooger nahmen wochenlang das Martinshorn nicht mehr wirklich ernst.
Aber: Die Schüler BEIDER Schulen genossen gemeinsam dieses laute Tohuwabohu. Ja, und seitdem wissen wir, was „Free Jazz" ist: eine grenzüberschreitende, verbindende Musik: „Huuu-huuuu-huuuu" ...

„jan"

PvO

Langeoog ist kirchlich bestens bestückt. Zwei Kirchen für einen Gott, das sollte reichen. Manchmal weiß Er bestimmt nicht einmal, ob hier oder dort nun katholisch oder evangelisch gepredigt oder gesungen, gebetet oder Abendmahl gefeiert wird. Nicht nur der Mensch wird älter, Gott auch. Und so kommt es, dass Er und seine Geschöpfe manchmal etwas vergessen.

Es war an einem Januarsonntag in den frühen Siebzigern. Es war eiskalt und ein steifer Ostwind, der durch nichts aufgehalten übers Watt blies, verstärkte das Gefühl der Kälte um einige Grade. Die Kirche, in diesem Fall die evangelische, hatte den Kirchgang schon eingeläutet. Ich hatte beschlossen, hinzugehen.

Der damalige Pastor hieß Heinrich, „der eiserne Heinrich", wie er despektierlich genannt wurde, oder kurz „PvO", Pastor van Osten. Ein großer, stattlicher Mensch, fast so groß wie der Kirchturm, aber nur fast. Seine Frau Luise spielte die Orgel und spähte Sonntag für Sonntag von der Empore, ob Heinrich auch alles ordentlich machte, sie gab den Ton an, wenn er die Liturgie singen musste, sie schweißte mit ihrem Spiel die Gemeinde zu einem Chor zusammen, sie war der heimliche Käpt'n auf der Brücke. An diesem Morgen aber hatte sie entsetzlich kalte Hände …

Ich war an jenem Sonntagmorgen der einzige Kirchgänger, der auf der Empore saß, und unten sah es leider auch nicht viel besser aus. Ich beobachtete das Leiden der Organistin und empfand machtloses Mitleid. Machtlos? Aber nein!

wie das Brüllen eines Löwenrudels ...

seine Frau Luise spielte die Orgel ...

aber sie hatte entsetzlich kalte Hände ...

„Kommen Sie, ich massiere Ihnen die Finger!"
„Was, wie? Nein, lassen Sie nur!"
Als ob ich etwas Sündiges vorgeschlagen hätte.
„Doch, sonst können Sie doch gleich überhaupt nicht mehr spielen!"
Kurzes Zögern. „Na gut, aber nur kurz und schnell."

Ich massierte und rieb vorsichtig ihre kalten, steifen Finger, und so sehr sie sich erst zierte, so schien sie es doch auch zu genießen. Ich glaube, wenn sie eine Katze gewesen wäre, dann hätte sie geschnurrt. Aber nur kurz, denn dann – so schien es mir – beschlich sie das Gefühl, als ob sie etwas Sündiges getan hätte. War sie zu schamhaft, oder ich zu wenig?

Vom Gottesdienst bekam ich nur wenig mit. Ich starrte fasziniert auf ihre Finger und auf ihre fast ängstlichen Blicke hinunter zu ihrem Mann, der unten seinen Dienst versah. Er betete und predigte, die kleine Wintergemeinde sang, die Kollekte ging herum, und so weiter und so fort. Ein ganz normaler Gottesdienst ...
Plötzlich aber hörte ich, wie Luise leise und verhalten gotteslästerlich wurde. Von unten klang Heinrich feierlich: „Geht nun hin in Frieden und empfangt den Segen des Herrn."
„Herrgott noch mal, er vergisst das ‚Vater Unser'" hörte ich sie halblaut, aber entrüstet murmeln.
Der liebe Gott aber hat sich die Ohren zugehalten und geschmunzelt. Auf dieses eine „Vater Unser" an diesem so kalten Sonntag im Januar zu verzichten, das war für Ihn eine Kleinigkeit. Er hat Luise und Heinrich ganz bestimmt verziehen ...

„jan"

Ereignislos

Kennen Sie sie auch? Die Tage, die scheinbar völlig ereignislos an einem vorbeiziehen? An denen nichts passiert, was auch nur einen Blick oder ein Wort Wert zu sein scheint?

Es muss an einem solchen Tag geschehen sein. An dem Tag, an welchem ich fürchtete, mich zu langweilen, obwohl ich meinen Freunden, Bekannten, Kollegen und der Familie gegenüber immer behaupte, ich könne das gar nicht. Meine Frau hatte Internatsdienst, ich genoss meinen „freien" Nachmittag und wusste (wie sich das mit den Zeiten ändert!) nicht, was ich damit anstellen sollte. Handwerklich z.B. bin ich ziemlich schwach, und das ist ein Euphemismus. Der Haushalt war getan, Arbeiten waren korrigiert, kurzum ich hatte nichts zu tun und war deshalb frei, meine Wege zu gehen.

Während der stillen Zeit auf der Insel, und mit „stille Zeit" meine ich sowohl den Spätherbst und Winter, als auch die insularen Ruhepausen, ist es manchmal herrlich, nicht zu wissen, was man tun oder wo man hingehen soll. Man lässt sich einfach treiben und spaziert dort, wo man sonst kaum hinkommt, weil es dort nichts zu erleben gibt. Und seien Sie gewiss, Sie werden Dinge entdecken, die Sie zu anderen Zeiten, in der Saison und an anderen Stunden des Tages nicht entdecken würden.

Ich ging in ruhigem Tempo durch die Kirchstraße, links ab in die Hauptstraße, etwas weiter rechts das Hotel an der Ecke, schräg gegenüber der für mich unübersichtlich-schönste Laden des Dorfes, dann in die Barkhausenstraße. Im Spätherbst und Frühwinter eine Straße der nebligen Ruhe. Geschäftsleute machen Urlaub in wärmeren Gefilden, die Straßencafés träumen verwaist vor sich hin, die spärlichen Bäume verlieren tropfend die letzten Blätter, und die Menschen machen sich rar, huschen vorbei, nach Hause, wo Wärme und Tee mit Rahm und Kluntjes warten. Ich lasse die Gartenstraße rechts liegen. Links steht still und schweigend das Haus der Insel.

Irgendwann hört die Barkhausenstraße auf Barkhausenstraße zu sein. Dr. Willrath Dreesen ist im zweiten Teil der Namensgeber, der 1913 – er war damals Kur- und Gemeindedirektor – mit folgenden dichterischen Worten für die Insel als Ferienort warb:

eine Straße der nebligen Ruhe ...

auf dem Dünenfriedhof ...

„Die Ihr in Stadt und Staub und Stube dürstet
Nach Sonne, Meer, nach Weite, Wolken, Wind
[...]
Hört her! und Wahl und Qual der Sommerfahrt
ist Euch, seid Ihr mir ähnlich, gleich erspart..."

Dieses Gedicht können Sie nachlesen im Vorwort von Habbo Tongers zu seinem Buch „Grüsse aus Langeoog", das er 1982 im Gedenken an seine Eltern Johann und Käthe und seine Tante Therese Tongers schrieb.

Vorbei an Els Sanders Pelzboutique, heute auch schon Geschichte, bis zur kleinen Straße zur Linken, Am Teich. Da wohnte sie, die betagte Dame, die die Praxis für den älteren Arzt putzte. Einst lud sie mich ein in ihre Stube und redete mit mir. In ihrem kleinen Garten blühten weiße Margeriten, und der damalige Juni war viel zu kalt für die Jahreszeit.
Ich nahm die Einladung an und vernahm, was sie erzählte. Tante Bertha, wie man sie liebevoll nannte. Eine dörfliche Institution, voller unaufdringlicher Zuwendung für ihre Mitmenschen.

Dann in die Heerenhusstraße: Hier wirkt das Dorf unverbraucht, weil seit Jahrzehnten unverändert. Scheinbar weitab vom sommerlichen Trubel. Eine Straße, in der Ruhe noch Ruhe sein kann.
Weiter in den Gerk sin Spoor: Hier finden Sie unweit des Sonnenhofes, in dem einst Lale Andersen lebte, den Dünenfriedhof, die letzte Ruhestätte vieler Langeooger und Insulaner, Balten und Russen. Ein Ort fast spürbarer Ruhe.

Und hier, weitab vom Schuss fand ich an diesem scheinbar langweiligen Nachmittag des 19. Juni 1984 die Russengedenkstätte. Vierzehn Jahre lang hatte ich diesen Ort nicht bemerkt. Heute ist „Weitab vom Schuss" durch die erhöhte Aufmerksamkeit von Behörden und Instanzen, von Kirche und Vereinen sowie Insulanern und Gästen ein wenig näher gerückt.

Kennen Sie sie auch? Die Tage, die scheinbar völlig ereignislos an einem vorbeiziehen? An denen nichts passiert, was auch nur einen Blick oder ein Wort Wert zu sein scheint?

„jan"

Operninsel

Wenn Sie, liebe Kurgäste, an Langeoog denken, dann fällt Ihnen Erholung ein, Sie hören das Rauschen des Meeres, Sie spüren den Sand zwischen den Zehen, kosten das Salz auf der Zunge, dann breitet sich die ganze Pracht des Strandes und des Meeres, des Horizontes, der Wolken und der segelnden Möwen vor dem staunenden Auge aus... Und die Langeooger haben sogar den Horizont überwunden.

In den frühen siebziger Jahren fand einer, die Insel sei reif für die Oper. Er organisierte Fahrten in die Theater und Opernhäuser auf dem Festland. Die allererste ging vorsichtigerweise erstmal ins nahe gelegene Wilhelmshavener Theater.

unterwegs zu neuen Horizonten ...

Nachmittags um 17.00 Uhr ging es am Langeooger Bahnhof los. Schon in Bensersiel gab es kleine Reibereien: „Du musst deine Pfeife ausmachen," sagte der Organisator zu einem der wenigen männlichen Teilnehmer, „im Bus wird nicht geraucht!"
„Nee", sagte der entschlossen, „ich mache meine Pfeife nie aus, nee, dann bleibe ich hier!" „Na ja, dann bleibst du eben hier."
Er blieb nicht hier.

Im Bus dann Wissenswertes zum Komponisten, zum Inhalt der Oper, zu den Gesangsarten, zu Rezitativ und Arie, und was uns sonst noch in der Aufführung begegnen konnte, und – ganz wichtig – wo wir uns vor der Aufführung noch stärken konnten. Er hatte alles genau vorbereitet.
Eines Opernabends stand „Fidelio" von Beethoven auf dem Programm. Vor der Vorstellung trennten wir uns noch. die einen

der Himmel über Baltrum ...

„chinesten", die anderen stärkten sich beim Griechen. Dagegen wäre im Prinzip nichts zu sagen gewesen, hätte sich nicht einer an eine riesige Portion Gyros mit Zaziki herangewagt. Eine penetrante Knoblauchfahne eilte ihm den restlichen Abend voraus. Im ganzen Verlauf des Opernabends hatte er freie Sicht auf die Bühne. Sein Vordermann, ein rechter Hüne, hatte sich schnell tief in seinen Sessel verkrochen. Nach der Pause kam er nicht mehr wieder.

Wir sahen und hörten Opern, Operetten, Oratorien und Konzerte, in Drachten/Niederlande „La Traviata" (mit einem mexikanischen Tenor, der trotz 6 cm hohen Absätzen nur 157 cm maß), in Hamburg „Rigoletto" und die „Zauberflöte", in Emden „Die Perlenfischer", „Carmen", „La Cenerentola", „Ein Maskenball", „Die Macht des Schicksals", und viele, viele mehr an vielen Orten.

Wir wagten uns immer weiter hinaus: Eines Tages fuhren wir nach London. Unser Bus hielt vor einem prachtvollen Gebäude: „Hyde Park Hotel", einem Palast in gleißendem Weiß (wir hatten blind gebucht), und jeder hielt den Atem an ... solche Pracht! Doch der Atem entwich uns sogleich wie Luft aus einem lecken Reifen, als wir die Betten bestaunten: Matratzen aus der Zeit von Königin Victoria, mit Stahlfedern, wie Mordwaffen bei Agatha Christie. Die mitgereiste Bürgermeisterin und ihr Mann hatten sich zu diesem Zeitpunkt vernünftigerweise etwas abgesetzt. In der Folgezeit trug das gesamte Personal des „Hotels" alle verfügbaren Wolldecken aus dem ganzen Haus zusammen, und die Langeooger, welch ein tapferes und widerstandsfähiges Völkchen, legten diese auf die Stahlfedern und schliefen.
Im altehrwürdigen „Prince Edward Theatre" in der Old Compton Street am Rande von Soho, wurde das Musical „Evita" gegeben.

Neben mir saß Heiner. Als das Orchester, elektronisch verstärkt, loslegte, und uns die Rippen vibrieren und die Trommelfelle fast platzen ließ, wurde er zusehends unruhiger: „Ik mut herut!"
„Das geht jetzt nicht, wir sitzen genau in der Mitte!"
Es grummelte gewaltig neben mir, aber er blieb, nicht gerne, aber er blieb...
Später sagte er einmal, dass er mir auch ein bisschen dankbar dafür war, weil er DAS sonst verpasst hätte..

Eine der letzten Fahrten führte uns bis nach Leningrad (heute St. Petersburg). Mitten in der Nacht, um drei Uhr, traf sich ein Häuflein Unentwegter am Bahnhof, um diese lange Reise anzutreten. Der Lokführer sah ein bisschen mürrisch aus, aber kein Wunder zu dieser unchristlichen Zeit. Der Kapitän sah an dem Morgen auch noch nicht viel freundlicher aus. Beide haben uns wahrscheinlich für ein klein wenig verrückt gehalten. Sie haben sich – echte Ostfriesen sind manchmal verschlossen – nie dazu geäußert.

Dann mit dem Bus nach Ostberlin, Flughafen Schönefeld, Flug nach Leningrad, Temperaturunterschied 18°C, und eine längere Busfahrt durch die Außenbezirke dieser Stadt, die damals noch so deutlich die Spuren einer schwierigen Vergangenheit und Gegenwart trug. Nicht so das Hotel am finnischen Meerbusen: „Pribaltiskaya", ein Nobelhotel für westliche Devisenbringer. In den dunkleren Straßen versuchte man mit uns Geschäfte beim Geldtausch zu machen, Betrugsversuche inklusive. Leningrads Innenstadt entpuppte sich als zögernde Schönheit.

Puccinis „La Bohème" in russischer Sprache war gewöhnungsbedürftig, die kirgisischen Tänzer und Tänzerinnen am zweiten Abend aber waren eine reine Augen- und Ohrenweide, die uns schließlich Stadt und Fahrt unvergesslich machten.

Als wir auf dem Rückweg zum Flughafen ein paar Leningrader sahen, die mühsam ein kleines Loch in die Eisdecke eines Sees geschlagen hatten, um im eisigen Wasser zu baden, da erfroren unsere warmen Erinnerungen an Kultur, Oper und Konzert für eincn Augenblick zu einem schönen, eisigen Stillleben.

Ich habe viele Opern gesehen und gehört, aber keine ihrer Arien war so herrlich wie diese: „mit dem Bähnchen-mit dem Schiff-mit dem Bus-ins Theater-mit dem Bus-mit dem Schiff-mit dem Bähnchen-ins Bett ... uff!"

„jan"

mit dem Bähnchen - mit dem Schiff - mit dem Bus ...